中公新書 2832

竹中　亨著

大学改革

——自律するドイツ、つまずく日本

中央公論新社刊

はじめに——なぜドイツと対比するのか

昨今、わが国の研究力の衰退が大きな関心をよんでいる。学術論文の数で他国に抜かれたとか、世界大学ランキングで日本の大学の順位が下がったなどと、一般のメディアでもしばしば報じられる。

大学の活性化が必要だということは衆目が一致している。だからこそここ数十年、さまざまな形で大学改革が実施されてきた。だが、結果から見るかぎり、大して功を奏さなかったわけである。これに対し、政府・文部科学省（以下、文科省）は、まだ不十分だとして、改革をいっそう推進しようとする。他方では、改革は百害あって一利なしと、これを全面否定する声も高まる。こうして、わが国の大学改革はいよいよつまずき、どんどん袋小路に入っていくような観がある。

今日の知的基盤社会では、大学の果たす役割は大きい。期待される役割を大学が果たすようコントロールすることは、どの国でも重要である。ところが、あまり知られていないようだが、実は日本の大学改革は国際的に見てかなり特異である。少なくともヨーロッパの主要国にはあまり類例を見ない。

ここ数十年、高等教育政策のあり方は世界的に見て、直接統制に代わって間接コントロールが主流となっている。つまり、権限委譲によって大学の裁量を拡大する一方、政府は後景に退きつつも、そこから間接的にコントロールをおよぼす形に変わってきた。ところが日本では、直接統制が今なおかなり強固であり、しかも一部では再び強化される傾向にある。

これまでの大学改革でよいのか、このあたりで一度総括する必要がある。おりしも今年（2024年）は、戦後の高等教育史上最大の改革ともいえる国立大学法人化が実施されてちょうど20年目にあたる。新たな方向を模索するには恰好の節目といえよう。

本書は、ドイツの状況と対比しつつ、わが国の大学改革のあり方を考察しようというものである。大学問題をめぐる議論では、他国の参考事例としてはアメリカが引かれることが多い。しかし、日本にとってむしろ参考になるのは、ヨーロッパ諸国、なかんずくドイツである。詳細な説明は第1章にゆずるが、一言でいえば、高等教育制度の構造・性格の点で、日本とはるかに共通点が多いのである。

ドイツの大学は世界的にトップクラスである。手近な材料として「タイムズ・ハイアー・

エデュケーション（THE）」の世界大学ランキングをとるなら、2022年にドイツは7校がトップ100に入っているが、日本は2校のみである（表0―1）。科学技術大国ぶりはノーベル賞の実績にも表れている。ドイツの受賞者の数（22年まで）は86人で、日本の28人をはるかに凌駕している。研究力の低落に悩むわれわれからすれば、ドイツは大いに手本になる国である。

対比を求めて他国を見るにあたっては、ことに高等教育論では慎重さが必要である。教育制度は歴史と文化の産物であり、またその時代と社会のなかに根ざしている。つまり、高等教育制度は一種のエコシステムなのである。他国の制度のある部分が模範的だからとして、さっそくわが国でも導入を、という議論がおりおり見うけられる。しかし、いいとこどりのつまみ食いでは、思いどおりの成果は得られないだろう。

本書では問題をできるだけ総体的に把握するように努めた。もっとも、筆者の能力の限界に加えて新書という紙面の制約もある。はたしてそれが奏功しているかは読者の判断に委ねるしかない。ただ、本書のテーマを扱う適性となると、そう人後には落ちまいとひそかに自負するところはある。

筆者は以前、国立大学に20年以上教員として在籍した。その間、教育・研究に従事しながら、大学のミクロな実態を内側から観察し、あるいはわが身で体験した。一方、今の勤務先

表0－1　THE世界大学ランキングにおける日独の大学（上位100位以内）

2012年		2017年		2022年	
27	東京大学	30	ミュンヘン大学	32	ミュンヘン大学
48	ミュンヘン大学	39	東京大学	35	東京大学
54	京都大学	43	ハイデルベルク大学	38	ミュンヘン工科大学
70	ゲッティンゲン大学	46	ミュンヘン工科大学	42	ハイデルベルク大学
78	ハイデルベルク大学	57	フンボルト大学	61	京都大学
99	フンボルト大学	75	ベルリン自由大学	73	シャリテ医科大学
		78	アーヘン工科大学	74	フンボルト大学
		82	ベルリン工科大学	78	テュービンゲン大学
		89	テュービンゲン大学	83	ベルリン自由大学
		91	京都大学		
		95	フライブルク大学		

の大学改革支援・学位授与機構では、職務の一環として全国立大学の活動をマクロに見るというめったにない好機にめぐまれた。この機構は法人評価や機関別認証評価などの大学評価（詳しくは第1章参照）で事務局を務めているためである。また、勤務先の調査研究プロジェクトとして、22の国立大学の経営陣に対して学内資源配分に関するインタビュー調査を行い、財務や経営管理に関する知見を補うことができた。

ドイツの大学や研究者とは、筆者は自分の元来の専門（ドイツ史、日独交流史）を通してもともと頻繁な接触があった。若いころにミュンヘン大学に留学したし、また大学在職中には、ヨーロッパ8ヵ国の大学に招聘教員などとして滞在した経験がある。さらに本書のテーマに関して、ドイツの大学、高等教育研究機関、質保証機関などで訪問調査を行った。こう見るなら、日本についてもドイツについても、知識や経験の面で一通りはカバーしているのではと考えている。

なお本書では、日本の大学を論じる際に国立大学を念頭に置いている。私立大学の意義を否定するものでは毛頭ないが、大学改革の焦点となっているのは国立大学だからである。ついでにいえば、ヨーロッパと対比する場合、国立大学が適当である。ヨーロッパでは国立（あるいは州立）大学が高等教育の主柱だからである。文中「大学」とあるのは、とくに断らないかぎり、国立大学をさす。

本書での主張は筆者の個人的見解であり、筆者の勤務先の立場を表すものではない。本書は科学研究費補助金基盤研究（C）「ドイツの大学における内部資金配分の制度と実態に関する研究」による研究の成果の一端である。

表0－2　大学改革をめぐる日独比較

<table>
<tr><th colspan="2"></th><th>ドイツ</th><th>日　本</th></tr>
<tr><td colspan="2">大学ランキング上位100位内の大学数（2022年）</td><td>7</td><td>2</td></tr>
<tr><td colspan="2">ノーベル賞受賞者数
（～2022年）</td><td>86</td><td>28</td></tr>
<tr><td colspan="2">大学数
［うち、州／国立］</td><td>423［273］
（2022年度）</td><td>810［82］
（2023年度）</td></tr>
<tr><td colspan="2">NPM改革</td><td>1990年代～</td><td>法人化（2004年）</td></tr>
<tr><td colspan="2">大学の収入構成</td><td>基盤交付金　73.0%
学納金　なし
外部資金　21.1%
自己収入など　5.9%
（2022年度）</td><td>運営費交付金　52.0%
学納金　16.9%
外部資金　22.2%
自己収入など　8.9%
（2019年度）</td></tr>
<tr><td colspan="2">授業料</td><td>原則的になし
（2000年代半ばに導入、
その後廃止）</td><td>あり</td></tr>
<tr><td colspan="2">主要な競争的資金</td><td>エクセレンス（2006年～）</td><td>21世紀COE（2002年～）
スーパーグローバル
大学（2014年～）
国際卓越研究大学
（10兆円ファンド、2024年～）</td></tr>
<tr><td colspan="2">目標管理</td><td>業績協定
（ゆるやかな目標管理）</td><td>中期目標・中期計画
（厳格な目標管理）</td></tr>
<tr><td rowspan="2">大学評価</td><td>大学認証</td><td>システム認証
（プログラム認証も併用）</td><td>機関別認証評価</td></tr>
<tr><td>包括的業績査定</td><td>なし</td><td>法人評価</td></tr>
<tr><td rowspan="3">学内統治体制（本部）</td><td>経営的機関</td><td>学長室
（学長、事務総長、副学長）
学長室スタッフ</td><td>役員会（学長、理事）</td></tr>
<tr><td>外部ステークホルダー代表機関</td><td>大学評議会</td><td>経営協議会</td></tr>
<tr><td>教授自治的機関</td><td>参事会</td><td>教育研究評議会</td></tr>
</table>

目次

図表作成／明昌堂

大学改革——自律するドイツ、つまずく日本

注

・ドイツの高等教育制度はきわめて分権的で、そのため組織や制度の名称は州や大学によって異なる。本書では便宜上、平均的な名称に統一した。
・本書は一般向きという性格から、できるかぎり個別の典拠指示は避け、代わって巻末に参考文献をあげるにとどめた。引用や統計的数字についても、筆者の他の論文等（巻末の文献一覧参照）に記載のあるものは、本書では略した場合がある。
・文中、ユーロによる金額は円に換算して記述した。その際、簡便のため1ユーロ＝150円で概算した。

第1章　数字に踊らされる大学人

1　数値目標の広まり

中期目標・中期計画の厳格さ

大学はのんびりした世界だというのが、世間の通り相場である。使い古した講義案を十年一日のごとく読みあげていれば通る世界、そう考えている人は少なくない。

しかし、大学のなかにいる人間には、そんな牧歌的雰囲気はとっくに昔語りである。今日の大学では、しばしば目標や計画が取り沙汰され、あるいは業務評価の結果が話題になる。

とくに近年、頻繁に目にするようになったのが数値目標である。正式には「重要業績評価指標」(以下、KPI)といい、業務上の目標を数値化したものである。企業では、経営企画からマーケティング、人事にいたるまで幅広く活用されている。そのKPIが大学でも導入されているのである。

ただ、繁忙のただなかにいると、かえってその全体像はわかりにくい。なぜ、どんな仕組みがあって、日々こうも追いたてられるのか、大学人でも十分了解している向きは多くはあるまい。ましてや、大学外の人間はいっそうである。以下、まずそのあたりの現状を見てみよう。

手始めは中期目標・中期計画である。すべての国立大学には、6年間の業務期間(「中期目標期間」という)の間に達成を目ざすべき「中期目標」と、達成のための具体的な取り組みを記した「中期計画」が定められている。企業でいえば中期経営計画に相当するといえようか。ウェブ上で公開されているから、簡単に見ることができる。

一瞥すれば、その細かさに驚くだろう。東京大学を見てみよう。たとえば教育の領域では、五つの中期目標と13の中期計画が掲げられている。前者は比較的抽象的な文言なので、ポイントになるのは後者である。どの中期計画も、10行近くにわたって取り組み内容をこと細かに記してある。そして、そのどれにも必ず評価指標なるものが付いている。6年経って中期目標期間が終わったときに、その計画が達成されたかどうかを判定するための指標である。そして、この評価指標の多くはＫＰＩなのである。

一例をあげよう。東京大学の中期計画の一つは、学際的・先端的・分野横断的な学部教育を強化することである。そこには評価指標が三つ付されていて、その一つは、学部横断型の教育プログラムの修了者数を６年後には１３０人にするというＫＰＩである。

東京大学の中期計画は、教育のほか、研究、産学協同、男女共同参画、業務運営、財務など、つまり大学の業務領域全体をカバーしている。その数は全部で55個、そして評価指標は１２３個におよぶ。中期計画にどんな内容を盛りこむかは大学ごとに異なるし、したがって中期計画や評価指標の数も大学によって多少がある。しかし、仕組み自体はどの国立大学でも変わらない。

つまり、今日の大学は多数の数値目標によって、その業務の端から端まで管理されているといってよい。とても十年一日のごとき牧歌的な世界ではない。

共通指標という仕組み

これほど多数の目標・計画を達成するとなると、結構な難事である。だが、それだけではない。他大学との競争という課題がある。

図1－1　国立大学の平均的収入構造　2019年度

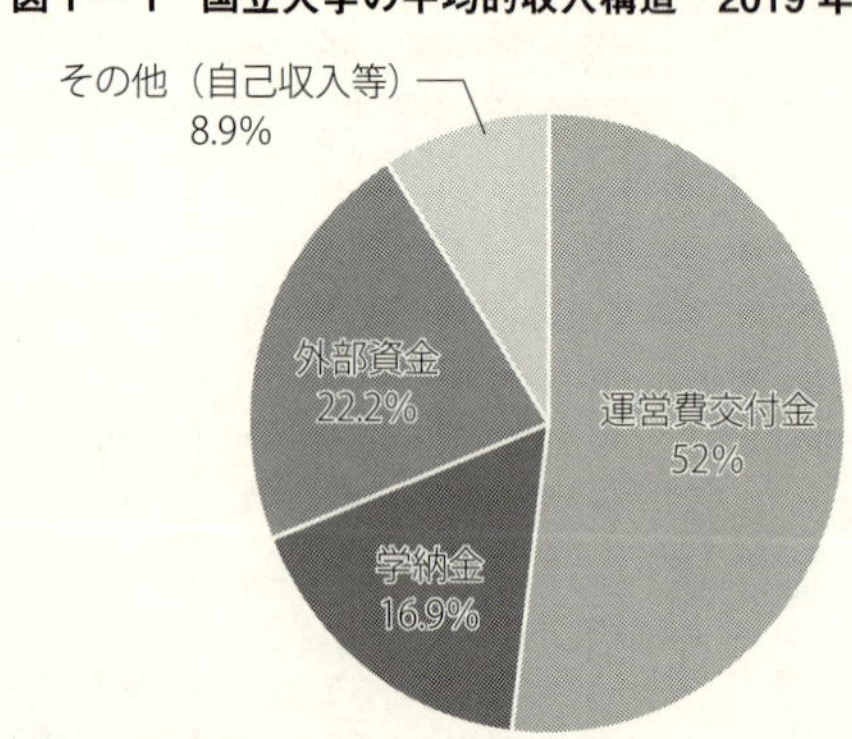

附属病院収入を除く
（文部科学省 2020）

ここで国立大学の財政について少々ふれておく。収入（附属病院収入を除く）は、平均的にはおおよそ以下のような構成となっている（図1－1）。すなわち、政府からの「運営費交付金」が約5割、授業料等の学納金が2割弱、官民種々のプロジェクトで提供される補助金等（「外部資金」と総称される）が2割強、その他の自己収入等が1割弱である。

運営費交付金の一部は成果連動で配分される。典型例としては、あらかじめ定められた一連の取り組みを指標（「共通指標」と通称される）にし、そこで大学がどんな成績をあげたかに応じて配分額が決まるのである。

たとえば「常勤教員当たり研究業績数」という指標がある。いわゆる研究生産性を見るためのもので、ここでの大学の成績は、教員が生み出した業績（論文や研究書など）の数を教員数で除することで算出される。ただ、大学間には種々の面で格差があるため、絶対値だけでは不公平だというので、先行5年間での伸び幅をこれに加味する。つまり、成績向上に向けて大学がどんな努力をはらったかも見ようというわけである。ずいぶん精巧な仕組みである。

こうして大学ごとに成績が出るから、それらを互いに比較する。そして、成績の良否に応じて配分額が決まる。好成績であれば、最大25パーセントまで積み増され、他方、著しい不振の場合は25パーセント減となる。つまり、相対評価が行われるのである。

共通指標は、この「常勤教員当たり研究業績数」を含めて、教育、研究、経営の3領域にわたって合計11ある。比較の結果が予算額にストレートに反映するだけに、大学は互いにしのぎを削ることになる。

学部から末端の教員まで広がる競争

共通指標の影響は学内にも深くおよぶ。というのは、ほとんどの大学で共通指標を学内にも適用して、学部への予算配分に利用しているからである。つまり、共通指標における成績を学部への予算に反映させるのである。

なぜ、学内で共通指標を用いるのか。理由は、大学全体としての成績をあげるには、内において学部を巻きこまなければならないからである。たとえば「常勤教員当たり研究業績数」の場合、実際に論文や書籍を書くのは各学部にいる教員であり、教員ががんばらないと大学全体の数字はあがらない。ただ、大学全体としての成績への貢献度は当然、学部によって差がある。そこで各学部の貢献度を予算配分に反映させるというわけである。こうして、大学にかかる圧力は学部に伝達されるのである。

数値の呪縛はさらに末端の教員にまでおよぶ。今日、教員個人に対する勤務評価はほとんどすべての大学で導入されている。よくあるのはポイント制である。すなわち、発表論文の本数、担当授業数、指導学生の数、役職の有無などについて、過去1年間の成績をポイント化して評価するのである。筆者なども大学在職時、毎年このポイントを計算させられた。結果は、俸給や研究予算などに反映される。

大学にとっての競争はそれ以外にもある。いわゆる外部資金は大きな収入源の一つだが、これは競争を経て配分されることが多い。たとえば、国際化推進などをテーマに公募される助成プロジェクトの場合を考えてみよう。助成金を獲得したいと考える大学は、プロジェクトの実施計画を申請書にまとめあげて応募する。申請書は政府の側で審査され、採否が決まる。通例、採択枠より多数の応募があるから競い合いになる。

ここでもKPIが大きな役割を果たす。実施計画では、過程をできるだけ数値で表すことが求められるからである。たとえば、「○年後の中間評価までに○○人の学生を留学派遣する」、あるいは「最終年までに国際シンポジウムを○○件開催する」などの類いである。この数値目標がどの程度野心的かが、審査での首尾をわける大きな材料となる。と同時に、採択されれば、計画進捗のチェックを受ける際の指標ともなるのである。

このように、今日の大学はいたるところで数値目標に駆りたてられているといってよい。もっとも、これは企業の世界では当たり前であり、単に大学も世間なみになっただけのこと、という見方もあるかもしれない。それについては後段で考えることにしよう。

中期目標・中期計画は「お題目」?

以上のような大学の現状の背景にあるのは、「エビデンス重視」の考え方である。すなわち、思いつきやエピソードによるのでなく、KPIなどの客観的データにもとづいて政策を推進するというのが、そのうたうところである。エビデンス重視の是非についてはあらためてふれることにして、ここではこれがうまくいっているかを見ておこう。

まず中期目標・中期計画である。先にこれは企業の中期経営計画と似ていると述べたが、異なるところも多い。

第一に、これらは大学側が進んで決めたものではない。文科大臣が決定あるいは認可するものと法律で規定されている（国立大学法人法第30、31条）。たしかに実際の決定過程では、大学側がまず原案を作り、それについて文科省側と下折衝を行うのが通例だから、トップダウンではない。といって、大学側が完全に自発的に策定したものでもない。実際、中期目標に取りあげるべき業務領域は、教育・研究、財務、業務改善などと法律で決められていて、大学側の自由にはならない。

また、期中での変更は容易でない。変更の余地はゼロではないが、目標のハードルを下げる方向での修正はむずかしい。また、企業の中期経営計画では定期的な見直しや補正（ローリング）が制度化されているケースも多いが、それもない。言いかえれば、いったん目標・計画が決まったら、大学は6年間それに拘束されるわけである。企業では、経営計画のスパンは3年あたりが相場と聞く。変化の激しい今日の社会で、6年前の目標・計画に縛られるのは大変である。

当然ながら、大学は窮屈さから逃れるべく、目標・計画をできるだけ抽象的な文言にとどめようとする。そうでなくても大学は、上意下達色の薄いゆるやかな組織で、経営の計画性は乏しい。数年先の業務まで見越すのは至難である。そこで、ある大学事務職員から聞いたところでは、「中目（中期目標）・中計（中期計画）は『お題目』にしておいて、具体的な取り組みは年ごとに決める」というのが定石の由である。

一方、行政側は統制の網を絞ろうとする。先に述べた評価指標が設けられたのは第4期中期目標期間（2022〜27年度）になってのことだが、これは厳格化への動きを法律改正という形で強化したものである。

窮屈さが増すのであれば、大学側は今後また対応策に知恵を絞ることになろう。いたちごっこである。こうして中期目標・中期計画は空回りして、現実とずれていく。

興味深いことに、中期計画の達否を学内の予算配分に用いる大学はほとんどないようである。企業にとって経営計画は、事業展開のための羅針盤であり里程標だろう。しかし、大学にとって中期目標・中期計画は、いわば「目標・計画のための目標・計画」になっているように見える。

大がかりな法人評価

目標を掲げる以上、それを実際に達成したか否かは当然チェックの対象となる。こうして全国立大学を対象に、中期目標期間の中間と期末の2回、いわゆる「法人評価」（正式には、「国立大学法人評価」）が一斉に行われる。

法人評価の目的は、中期目標・中期計画の達否を審査することである。中期目標・中期計画の広範さに照応して、法人評価の対象範囲もまた教育・研究をはじめ、大学のすべての業務におよぶ。審査では、一つ一つの目標・計画について、内容に即してその達成度を見る。

これを「達成状況評価」という。

注意したいのは、中期計画は大学ごとに異なるから、大学の評価はあくまでもその大学の掲げる目標・計画の達成具合で決まる点である。乱暴なたとえだが、「鉄棒の逆上がり」を目ざす児童Aと、「縦笛を吹ける」を目標とする児童Bの成績をつけるのと似ている。問われるのは、それぞれが鉄棒と縦笛でどこまで上達したかである。逆にいえば、Aがどんな点数をとろうと、Bの点数には影響しない。

ただ、やっかいなことに、法人評価の仕組みはこれだけではない。達成状況評価以外に「現況分析」というものがある。これは事実上、当該の大学の教育・研究がどのくらいの水準にあるかを評価するものである。さて問題は、何をもって水準の高い低いを判断するかである。考えられるのは唯一、国立大学ならこの程度が平均的、というような目算であろう。だとすれば、現況分析の評価は、暗黙裡に他大学との比較を前提にしているわけである。

法人評価としての判定は、達成状況評価に現況分析を加味して下される。評価結果は次期の予算に反映される。運営費交付金の中に設けられた「法人運営活性化支援」という枠が、法人評価での成績に応じて算定されるのである。

以上でわかるように、法人評価の仕組みはかなり複雑、むしろ面妖といっていい。その大学だけを見る個別評価に、他大学を視野に入れた比較評価をかけ合わせる仕組みだからである。先のたとえを続けるなら、鉄棒と縦笛でのA、Bそれぞれの点数に、他の児童も交えて行った算数のテストでの各自の点数を混ぜこむようなものである。

いずれにしても、この二本立ての評価作業が大学それぞれについて行われる。国立大学法人は現在82あり、その下に86の国立大学がある（1法人中に複数大学が存在する場合があるため）。これに「人間文化研究機構」など4研究機関が加わる。これだけの数の機関について、法人評価ではその業務を総ざらいするのである。いかに大事業かは察しがつこう。

だから、評価体制は大がかりである。いわゆるピア・レビュー方式をとっており、評価者（ピア）を務める教員・研究者が全国の大学や研究機関から動員されるが、その数は1000人に近いという規模になる。金子元久の述べるごとく、「世界でももっとも包括的で、おそらくもっとも野心的な」(Kaneko 2009: 65) 大学評価なのである。

念のためにふれておくが、大学人のなかには、法人評価は大学改革支援・学位授与機構が「行っている」と理解する向きが結構多い。この理解は正しくない。先述のように、評価判定を下すのは評価者（ピア）であり、機構は連絡調整や資料準備を担当する一種の事務局でしかない。また、評価結果を予算にどう反映させるかを決めるのは文科省である。

「評価疲れ」の広がり

評価するほうも大がかりだが、評価される大学側の事務負担も膨大である。まず、中期目標・中期計画の達成状況を一つ一つ調査し、そのうえで状況を仔細に示す大部の自己評価書を作成しなければならない。現況分析のためには、学部ごとに教育・研究の全般的状況を示す報告書も必要である。また研究については、個々のプロジェクトの中味に立ち入った詳細な報告書を作成する。さらに加えて、これら報告書のエビデンスとなる関連資料を学内各所からそろえなければならない。

以上の準備作業と審査本番を合わせると、法人評価を受けるには1年以上かかる。法人評価は6年間の中期目標期間に2回あるから、つまり6年のうち半分近くは評価に関わっている計算である。これだけでも大変だが、大学はさらに、少なくとも7年間に1度は機関別認証評価も受けなければならない。これは後で詳しくふれるが、法的根拠や趣旨からすれば法人評価とは異なる制度である。ただ、規模や対象などの点で重なる面が多く、少なくとも大学の現場では両者は同類の評価と受けとめている。

今日の大学関係者の間では「評価疲れ」という語が広まっている。たしかに、これほど次から次へと評価に追いまわされていたら（しかも、実際にはさらにまだ別の評価がある）、疲れるのも無理はない。

先に述べたように、中期目標・中期計画は大学の業務に有機的な役割を果たしているわけではない。となれば当然、何ゆえの繁忙かという疑問がわいてこよう。「民間企業で言うと、売り上げにまったくつながらない書類をいっぱい書かされているようなもの」（共同通信社 2022: 254）という不満の声があがるのもむべなるかなである。大学を活性化するはずのコントロールの仕組みが、かえって教育・研究にエネルギーをふり向けるのを阻んでいるとしたら、皮肉である。

以上のように、今日の大学に対する統制は相当厳密である。そして、それが相当のきしみを生んでもいる。昨今、大学の活力の低下がしきりに指摘されるなかで、この問題に今後どう対処していけばよいのか。

文科省の立場は明快である。管理統制はまだ不十分だというのである。日本の大学を世界トップレベルにするためには、もっと評価を厳密にする必要があり、たとえば現行の指標を厳選して、「アウトカム重視」を強めることや、さらには「社会的インパクト」を計測すべきだという（文科省 2021a）。

では、研究力の維持・向上に成功している他の国々では、もっと精密な管理方式を用いているのだろうか。ドイツの例を見てみよう。

2　ドイツの大学統制のゆるやかさ

英米ではなくドイツと比べる理由

ここで、本書ではなぜドイツに注目するかについてふれておきたい。一般にわが国の高等教育をめぐる論議では、「外国」として引き合いに出されるのは圧倒的にアメリカで、次いでイギリスだろう。実は、これはずいぶん奇妙な話なのである。

欧米諸国のなかでアメリカの高等教育制度は、構造・性格などの点できわめて特異である。たしかに、現代の高等教育ではアメリカの影響力が大きいために、今日ではアメリカ発祥の制度の一部は国際的にかなり広まっている。たとえば、学士・修士という二層制の課程や理事会による学内統治などは、日本やヨーロッパでも部分的に導入されている。

そうではあっても、アメリカの特異性はやはりきわだっている。アイビー・リーグなどの私立大学の存在が大きいこと、教員組織が教授個人を単位とした講座制でなく、学科（デパートメント）という集合的形態をとること、州立大学やコミュニティ・カレッジなど大学の種別化が顕著なこと、学生や教職員の流動性が高く、高等教育での市場競争的な性格が強いことなどは、他にはあまり見られない特徴である。ともかく、アメリカ・モデルは「国際標準」としてそっくり丸呑みするようなものではない。

対比の相手として適当なのは、大陸ヨーロッパ、とくにドイツなど中欧圏の高等教育制度である。理由は三つある。第一に国立大学が高等教育の主柱をなしている点である。大学はそもそも、国家が公教育という社会的要請を受けて設置したものであった。第二に、そのせいもあって国家の影響力が大きい。これらの国々では機構上、大学は長く教育省の下部組織であった。たしかに、学術面では独立性が認められ、教授自治が大学運営で大きな役割を果たしたが、しかしつまるところ大学は政府の一部であった。

第三に、教育・研究双方を一体的に推進する点である。教育・研究の一体性は「フンボルト理念*」として、ともすれば近代大学では自明のことと思われがちだが、実はそうではない。たとえば、同じヨーロッパでも「ナポレオン的」な制度をもつフランスでは、伝統的に教育と研究は分離されていた。大学やグランゼコールはあくまで教育機関であり、研究はアカデミーやセンターで行うものであった。

これら三点は、日本の国立大学にもあてはまる特徴である。ついでにイギリスについてふれておくと、同国はヨーロッパのなかではひときわ変わっている。まず、オックスフォード、ケンブリッジという私立大学が飛びぬけた存在になっている。また、イギリスの大学は伝統的に国家機構から完全に独立しており、そのため元来は国家の規制がきわめて弱かった。その一方、近年の大学改革を経て、イギリスの高等教育は、アメリカと並んで著しく市場競争的になっている。

以上の特徴を考えるなら、参考例としてドイツを取りあげるのは十二分に意味があることがわかる。とすれば、制度・構造の類似したドイツでは、日本と何がどう違って研究力が高いのかという疑問は自然である。

＊フンボルト理念……ドイツのW・v・フンボルト（1767年～1835年）が提唱した近代大学の理念で、教育と研究の結合、国家からの学術の自由などを内容とする。ベルリン大学をはじめ、ドイツの大学制度の基礎となり、やがてはアメリカや日本など他国にも広まった。

ドイツの大学事情

ドイツの大学事情をここで概観しておこう（HRK 2022）。現在、大学は423校あり、うち273校が州立、150校が私立その他である。連邦制をとっているドイツでは、教育は16ある州の権限に属するため、州立大学が事実上、「国立」大学となっている。私立大学は、数は多いがいずれも小規模であり、法経や工学など実学的な教育が主で、また研究活動はほとんど行わない。

ドイツの大学は、総合大学（ウニヴァジテート）と専門大学（ファハホーホシューレ）に大別される。前者は120校を数え、通例大規模で、文理双方にまたがって複数の学部を擁することが多い。また、なかには数世紀におよぶ歴史を誇る伝統校がある。教育とならんで研究活動を活発に展開していて、国際的な声望をもつ有力大学が少なくない。

後者（246校）は1960年代以降の設立と、歴史は浅い。比較的小規模であり、工学、経営学など実学的な分野に力点を置いている。元来は教育を中心にしていたが、昨今は次第に研究にも活動を広げてきている。

ドイツは、以前は日本などに比べると大学進学率が低かったが、近年は上昇が著しい。2006年からの10年間に、進学率は21ポイント上昇して57パーセントになり、その結果学生数は42パーセント増加した（Destatis 2018: 6, 14）。

さて、ドイツの事例を引くにあたって、次の点を断っておきたい。

第一に、実は「ドイツの」高等教育制度なるものは存在しない。州ごとに政策・制度・手続きなどが異なっているためである。ある程度は州間で調整されるが、それでも州による相違はかなり大きい。ごく一例をあげるなら、中等教育（ギムナジウム）の修学期間は、8年か9年か州によって異なる。日本ではちょっと考えられないような多様性である。ただ本書では、こうした州ごとの詳細に立ち入るのは避け、平均的な記述に努めたい。

第二に、本書では州立大学に焦点をあてる。先述のような事情で、日本の国立大学にもっとも近いからである。州立大学は高等教育の主柱をなしており、実際、表0―1に出てくる大学はすべて州立の総合大学である。

第三に、もっとも重要な点として、筆者は決してドイツを模範視するものではない。むろん評価に値する面は多々ある。だが、ドイツが大学問題をすべて解決できているわけではない。それに、筆者などにはいぶかしく映るような動きもある。それに、万一ドイツの制度が優れているとしても、だからといって事情の異なるわが国が模倣できるものでもない。ドイツの事例は、あくまでもわが国の大学改革論議への一つのヒントにすぎない。

精密化する日本、簡素化するドイツ

さて、ドイツでは大学の業績を管理するためにさぞ精緻な方式を用いているのだろうと想像するなら、みごとに肩すかしである。

ドイツでも数値指標は用いられるし、その導入はむしろ日本より早い。大学に対する基盤交付金（日本の運営費交付金に相当する）で数値指標と算定式を使いはじめたのは1990年代のことである。98年には、基盤交付金には成果連動を盛りこむことが法律で定められた。その結果、数値指標は今日ではすっかり定着している。

表1－1　ノルトライン＝ヴェストファーレン州での算定式の指標

領　域	指　標	重み付け(%)
教　育	修了者数 (標準修業年限修了者は係数1.5を乗じる)	45
研　究	外部資金額	45
共同参画	女性教授数 (STEM系学位プログラムでは係数2.5を乗じる)	10

(Universität Köln 2021; Babyesiza/Berthold 2018: 22)

ただ、その中味はきわめて簡素である。表1―1は、ドイツ諸州中人口最大のノルトライン＝ヴェストファーレン州で用いられている数値指標である。これを見ると、修了者と外部資金の二つでほぼ決まりだということがわかる。他州では、これに加えて在籍学生数や博士号授与数を用いるところもある。これら四つがだいたい定番的な指標といってよい。

逆にいえば、その他の指標はあまり使われない。使われる場合でも、重み付けが軽く、額の算定に大した影響はもたないのが普通である。つまり、ドイツで用いられている数値指標は、精密さや幅広さの点でわが国の共通指標とはかけ離れている。

加えて目をひくのは、論文や特許などの研究業績に関する指標が見られないことである。研究業績は、研究力を測るうえで最良のバロメーターの一つであり、現に日本では、先述のように共通指標のうちの一つに取りあげられている。しかし、ドイツでこれを大学への交付金配分に用いる州はほとんどない。また、学生就職率も、日本の共通指標には採用されているが、ドイツでは使われていない。

なぜ、こうした指標を使わないのか。背景には、数値指標や算定式についての考えが日本とかなり異なることがある。まず、コスト面への考慮である。一般に、対象をより正確に捕捉しようとして指標や算定式の数を増やしたり、適用ケースを細分化したりすると、運用やデータ収集の手間が増える。

ドイツで修了者数が指標として重用される一因は、学務データとしてすでに大学が把握済みであり、新たに収集するコストがないからである。逆に、研究業績を用いないのは高コストだからである。研究業績の形態と発表慣行は、後段で述べるように、学系・専門分野ごとに千差万別である。だが、指標に用いるとなれば、何がしかの共通の尺度が必要である。となると、データの分類を変えたり基準を再定義したり、という手間が生じ、はては新分類に沿って収集しなおすことにもなる。

といって、個々の専門分野での既存の分類や基準をそのまま踏襲するなら、今度は予算配分の透明性が損なわれる。数値指標の一つの意義は、共通ルールという横串を刺すことで、できるだけ配分の透明性・正当性を担保することである。分野ごとに配分基準が異なるなら、数値目標を用いる意味はあまりない。

日本では数値指標を改良するとなると、議論は指標数を増やす、精密化するという方向に発展しがちである。ドイツでは逆に、簡素化の方向での話が多い。

次に、就職関係の指標がないのは、それが大学の努力範囲を超えるからである。就職はまずもって景気に左右される。不景気の時代には、大学が学生にどれほど良質の教育を提供しても好結果は出ない。努力の埒外にある状況についても大学に責任を問うのは筋違いだというわけである。

競争的資金「エクセレンス」と数値

以上は、基盤交付金での数値指標の話だが、ドイツではそれ以外でも日本ほど数字は重用されない。たとえば、競争的な外部資金を見てみよう。

ドイツでも競争的資金は増える傾向にあり、連邦や州による各種のものがある。そのなかでもっとも有名なのは「エクセレンス」助成事業である。大学の研究面での国際競争力にテコ入れするための事業で、2006年に「エクセレンス・イニシアティブ」として始まり、19年から衣替えして「エクセレンス・ストラテジー」として動いている。

助成総額は年あたり約850億円（換算）で、国内諸大学から申請を募り、審査で採択された大学に分配される。助成事業として画期的なものとされ、これによってドイツの大学界の空気は一変したといわれるほどである。これに似たプログラムをわが国であげるとすれば、教育の国際化を目的に14年に始まった「スーパーグローバル大学」事業などが近いといえようか。

さて、エクセレンス・イニシアティブについては、事業終了後に外部の専門家委員会による最終報告書が出ている。これを読むと、日本での「常識」とずいぶん異なるのに驚かされる。というのも冒頭で、筆者の委員は論文数や被引用度などの計数的データはこの報告書では扱わないと明快に断るのである。事業は終わったばかりで成果を論じるのは時期尚早だし、また大学側は種々の助成を並行して受けていて、エクセレンスの効果だけを取りだせないから、というのがその理由である。というわけで、この報告書には数字はほとんど出てこない。代わって、主としてエクセレンス後のドイツの大学界の状況と課題を記述するという体になっている (Expertenkommission 2016)。

数字をまったく無視するわけではない。エクセレンスについては別に所管官庁による成果報告書もあるが、それには各300頁前後という大部の資料集が3冊も付いていて、なかは計数的データが満載である。

だから、数値は用いられる。けれども、あくまで事後の業績報告のためであり、さらにいえば報告の補助としてである。業績を測定するための尺度や達否判定の材料という、いわゆるKPI的な使い方ではない。

ドイツに法人評価はない

わが国では、先述のように法人評価においてもKPIが重要な役割を果たす。さてドイツではというと、実は法人評価に相当するものはない。包括的な大学評価といえば、1998年に導入された大学認証（アクレディテーション）があるのみである。

大学評価の制度はいささか複雑なので、ここでちょっと補足したい。まず確認しておくが、いわゆる大学評価には2種類ある。一つは大学認証、もう一つがわが国の法人評価タイプのもので、ここでは包括的業績査定とよんでおく。

大学認証は、当該の大学の教育が高等教育としての最低要件を満たしているかを審査するものである。主要国ではどこでも制度化されており、日本では機関別認証評価がこれに該当する。大学認証では、最低要件を満たしているか否かがポイントなので、判定は原則として合否の2段階である。言いかえれば、質のよしあしを段階的に査定する仕組みではない。しかも、どの国でも合格率は高く、ほとんどの大学がパスする。

それは大学認証の本来の趣旨から来る。大学認証は元来、教育機関としての実体をもたず、卒業証書を金で売るがごとき悪質な教育機関（アメリカなどで「ディグリー・ミル」とよばれる）を排除するための制度である。たとえて言うなら、リンゴ箱から一部の傷んだリンゴを除くだけのものである。だから合格しても、それは単に「食用可」を意味するだけで、おいしさまで保証するものではない。

一方、包括的業績査定は、リンゴのよしあしを評価し、等級をつけるのが目的である。すなわち、大学の教育・研究活動全体についてその質を包括的に評価し、段階的に査定する仕組みである。このタイプの評価は国際的に見てきわめてまれである。ドイツにかぎらず、ヨーロッパ全体でも同様の制度はほとんど見あたらない。大学に対する総体的な評価制度をもつ国はなくはないが、日本の法人評価のように予算配分にまでつなげるところは少ない。

たとえばオランダには、たしかに大学に対する教育・研究全般についての評価制度があり、評価結果に対して一定の財務的応報を講じることになっている。しかし、応報が発動されるのは質が最低ラインを下回った場合のみであり、したがって段階査定ではない。また実際には、この応報が発動されることはほとんどないから、オランダの制度はむしろ大学認証に近い制度である。

さらにイギリスである。同国は80年代にヨーロッパで大学改革の先頭をきった国であり、予算の成果連動配分でも徹底している。その好例「英国研究評価制度」（以下、REF）は、質査定を行う研究評価で、研究のための基盤交付金はほとんどこれによって算定されている。ここまで成果連動を徹底した制度はおそらく他のヨーロッパ諸国では例を見ない。

ただし、教育領域での交付金はほぼ過去実績額に沿って決まる。たしかに、教育には「教育卓越性・学習成果評価枠組み」（以下、ＴＥＦ）という評価制度がある。これは、発音が似ていることもあってよくＲＥＦとならび称されるし、質の査定を行う点でもＲＥＦと似ている。だが大きな違いは、ＴＥＦには財務が絡まない点である。ＴＥＦの主目的は、進路選択で惑う学生に対して、諸大学の教育の質についての情報を提供することである。だから、その結果は予算配分には関係しない。つまり、イギリスでさえも、教育・研究双方をカバーする資源配分的評価は行っていないのである。

そもそも法人評価は可能か

どうして日本の法人評価タイプの制度がまれなのか。理由は簡単である。教育・研究全体の質について大学を単位として適確に査定するのは、言うはやすいが、実際には不可能だからである。

まず、評価対象が著しく多様である。総合大学もあれば単科大学もある。後者のなかには医科大学もあれば教育大学もある。あるいは、同じように工学部をもつといっても、構成する学科は大学によって異なる。さらに、末端の専門分野でも分化がはなはだしい。ちょっと畑が違えば、同じ学科にいても隣の研究者の仕事のよしあしは判断がつかない。これだけ大学ごとに中味が異なるなかで、さてＡ大学の教育はＢ大学よりも２段階上、などと査定するのは可能だろうか。

しかも、査定の精度は相当高くなくてはいけない。予算配分に用いるとなると、だれもが納得する信頼性・透明性が必要である。単に受験生に情報を提供するようにはいかない。それでも研究については、まだしも計量書誌学（ビブリオメトリクス）の指標に頼れるところがある。被引用度やトップ10パーセント論文など、研究業績の質を数値的に表現しようとするものである。これらは決して万全ではないが、一定の手がかりにはなる。だが教育の質となると、こうした手がかりになる指標すらない。

イギリスのTEFでは、アンケートでの学生の満足度が主たる評価材料の一つになっている。満足度という主観に頼るのでは信頼性は心もとないが、それも目的が情報提供だから許されるのだろう。ちなみに、このアンケート重視の余波だろうか、昨今のイギリスの大学では、学生サービスが過剰気味で、また好成績が濫発される「成績インフレ」が激化している。

わが国の法人評価については従来から、大学人が大学を評価するという「身内の評価」であり、信頼性を欠くという批判が強い。代わって、たとえば「公平かつ客観的な評価指標」によって学修成果を可視化し、大学間比較を可能にすべきだという意見もある（日本経済団体連合会 2022）。大学評価の何たるかを知らない素人談議といってよい。ついでに言えば、経済界からは、自ら問題を発見・解決する創造的人材の育成を期待する声がよく聞かれるが、それと、このように固定的に学修成果を捉える考え方がどう符合するのか、筆者などには不思議でしょうがない。

3　数値指標は有効か

数値指標がもたらす数々の弊害

以上、ドイツの事例を中心に見てきた。日本とはずいぶん異なって、数値による統制は大まかである。さて、教育・研究の業績を活性化するには、日本流の厳格な方式がよいのか、それともドイツ風のゆるやかな制度が適切なのか。ここではまず、数値指標をもって大学の業績を管理することの当否について考えてみたい。

まず、数値指標を予算ツールに用いる場合、数々の弊害があることに注意すべきである。よく知られている例としては、学生の修了率を指標に用いると教育水準の低下を招きかねないというケースがある。指標で好成績をあげようと、教員が「優」を濫発するからである。

研究方面では「サラミ戦術」が有名である。論文数を評価基準に採用すると、研究者は「数を稼ぐ」誘惑にかられる。そこで、一つのまとまりをもつ研究成果を無理矢理に細分し、複数の論文に仕立てる者が現れる。その場合、研究成果の数は増えるが、個々の論文の質は確実に低下する。一本のサラミ・ソーセージを薄切りにして供するのに似ているため、この名がある。

だが、もっと根本的な問題がある。大学の活動は、かいつまんでいえば研究によって学知を生みだし、それを教育や社会貢献で学生や社会に移転することである。数字は客観的だとよくいわれるが、大学の活動をほんとうに適確に測れるのだろうか。

問題の第一は、学知は、価格など数量的尺度になじまないものが多いことである。特許などならともかく、学術論文や学会発表の価値は価格で表現できない。たとえば、世紀の大難問を解いた数学の論文は学術的には画期的な成果だが、値段のつけようがない。

教育の場合はなおさらである。社会に送り出した人材の価値をどうやって測ればよいのか。たしかに、卒業後5年時点での年収額を指標に使うなど、ある種の便法は案出されてはいる。だが、多種多様な人材の活躍の形態や場面を考えたとき、これが所詮、便法でしかないのは明らかである。

第二に、学知の形態は多種多様である。たとえば筆者の出身である人文系では、研究成果として重視されるのは研究書である。しかし同じ文系でも、経済学では書籍よりも国際的な学術誌での発表のほうが高く評価される。さらに法学となると、雑誌論文はさほど重視されず、判例研究などが重視されるとのことである。

理系では論文や学会発表、特許などが主だが、しかしなかには建築のように作品を成果物とする分野もある。美術でも作品が主たる活動成果となるが、他の芸術では演奏や演技など無形の成果物もある。対象範囲や効用のあり方の点でも、さまざまである。新たな治療薬の開発という、輪郭のはっきりした業績もあれば、現代文明への哲学的懐疑というような漠たるテーマも研究の成果物たりうる。

大学の生む学知はこれほど多種多様な形をとる。これらに等しく適用できるような計数的な尺度は存在しない。

第三に、成果の産出が不確実あるいは時間的に不定である。実験時間を2倍にすれば、2倍の意義ある発見ができるわけではない。原料の投入量を増減すれば生産を加減できるモノ作りとは違う。それに、成果が現出するまで長期間かかるケースが少なくない。よく知られているように、ノーベル賞の受賞対象となるのは往々にして、数十年前の若き日の研究成果である。教育でも、卒業生が社会でその真価を発揮するには十数年はかかろう。

他方、およそ成果を測定する以上は、時間軸上で一定の期限を切らなければならない。国立大学ではさしあたり、6年間の中期目標期間がそれにあたろうが、さて教育・研究活動の何割が6年間のうちに成果が出るものだろうか。

第四は、わけても教育にあてはまる問題である。大学教育の成果を測定するには、人材の質のどの部分がそれに由来するのかを確定する必要がある。これは不可能である。人材は、大学で学んだ思考能力・専門知識に加えて、学外での学習活動や社会経験、卒業後の職場での社内教育などが合わさって形成されるからである。

以上ざっと考えるだけでも、高等教育が計数的な手段では把握しきれないことは明白である。それにもかかわらず数値指標を強いて適用すれば、わが国でのようにきしみが生じるのは避けられまい。

数値偏重の背景にあるEBPMとは?

教育・研究は質的な性格が強いからといって、数値指標はいっさい使うべきでないと言うつもりはない。先述したように研究評価では種々の計量書誌学的な指標が開発されており、これらが研究活動の一端を適確に映しだしているのはまちがいない。要は、数字には所詮、限度があると知ることである。研究評価にしても、いかに精緻な計数的指標を駆使しようとも、最終的には質的な評価が決め手となるというのは今日、国際的な常識である。

わが国における数字偏重の背景には、想像するに、近年しきりに喧伝されるエビデンス・ベースト・ポリシー・メイキング(EBPM)の考えがあるのだろう。統計データのような確実で合理的なエビデンスに依拠して政策を立案・推進しようというものである。具体的には、政策が目標実現にどうつながるかについてロジックモデルとよばれる仮説を立て、それをエビデンスで確認するという手順をふむ。

合理的な根拠にもとづいて政策が実行されること自体は結構なことである。だが、高等教育は、巨大で複雑に分化したシステムである。しかも、文化や価値観、伝統や慣行がからんでいる。それを単線的な社会工学的ロジックモデルに写しとれると想定するのは、いささか素朴にすぎまいか。

たとえば、研究者の待遇問題などはその好例だろう。日本の大学では教授の経済的待遇が劣悪だから、あるいは給与体系が硬直的なために破格の高給を提供できないから、海外から優秀な研究者を招聘できないという議論がよく見られる。これが日本の研究力増進の障害になっているというのである。

「外国」と比べて日本の大学教授の年俸は低いという見方は、「国際卓越研究大学」(いわゆる10兆円ファンド)をめぐる議論でも現れた。文科省の資料によると、ハーバードでは2592万円、スタンフォードで2797万円なのに対して、東大は1197万円にすぎない(文科省 2021b)。この待遇格差を克服するためにも巨額のファンドが必要なのだという。

こうした意見の裏には、金銭的誘因によって個人の行動は左右されるというロジックモデルがうかがえる。だが、これはどう見ても、研究者をホモ・エコノミクス視する短絡的な思考である。研究者を動かすのは、年俸の多寡もある程度は作用しようが、それ以上に研究予算の潤沢さ、知的刺激に満ちた職場環境などだというのは、大学人なら等しく肯くところである。給料を10倍にするからといって、砂漠の真っ只なかに行く研究者はいないのである。

ちなみに、ドイツの大学教授の待遇は日本と大差ない。基本年俸額はおおよそ1350万円（換算）である（DBB 2022）。業績手当制度があるので、教育・研究で特筆すべき業績があれば、基本給に上積みされる。しかし、上積みは高くても2～3割程度である。ノーベル賞級の研究者であってもこれは同じで、業績への報奨は施設・設備など研究条件面で行われるのが通例である。

4 「メリハリ論」の特異さ

「メリハリ」は業績向上をもたらすか

日本の高等教育に関する政策文書には、随所に「メリハリをつける」という文言が出てくる。大学への運営費交付金に関する財務省方面の文書など、その好例である。すなわち、配分にあたってもっとメリハリをつけ、ＫＰＩで成果をあげている部署は報奨として手厚く遇するが、そうでない所は思いきって予算を削るべきだという。

逆にいえば、従来はバラマキ的であり、そのため大学に対する刺激に欠け、ひいては国全体の研究力の低迷につながったと考えるわけである。この主張は一見もっともらしく見える。だが実際、どの程度意味があるのだろうか。

まず、そもそも「メリハリ」の語で一括するのが議論として雑である。一般に、大学予算を成果に応じて配分しようとする場合、期待されるのは、業務への動機づけを高めることで業績の向上をもたらす（業績刺激）効果、大学の行動を望ましい政策的方向へと誘導する（行動誘導）効果、基準を明確化することで配分を透明化・正当化する（配分透明化）効果などだろう。

このうち、業績刺激効果については、あらためて論じるほどのことはない。というのも、研究者の大勢はこれに懐疑的だからである。筆者はこれまで、成果連動が明白に教育・研究上の業績を刺激すると確認した研究を見たことがない。研究者だけでない。ドイツでは、「学術審議会」という、政府の学術政策立案のための公的諮問機関すらもこれに否定的な見解である。また、ドイツでの調査によれば、数値指標は行動誘導面でも効果が乏しいことが知られる。結局、ある程度効果が期待できそうなのは配分透明化だけである。つまり、成果連動の意義は全面否定されるものではないにしても、何をねらってメリハリをつけるのかで、話は変わってくるわけである。

次に、「メリハリ」の先に何を期待しているのかもはっきりしない。どの効果を念頭に置くにせよ、およそ成果連動配分は、大学がそれをうけて短所を是正し、長所を伸長する行動をとると期待してのことである。そのためには当然ながら、当の大学がまず自らの長短所をわかっていなければならない。この点、現行の制度は不思議である。

不透明な評価基準

大学にとって現状診断としてもっとも包括的なのは、活動全体を検証する法人評価のはずである（共通指標では、診断は指標化された11の事項のみにかぎられる）。さて、これは周知の事実なのだが、法人評価の判定結果は大学間でかなりのバラつきがある。「よそと同じような取り組みなのに、うちに対しては評価が低かった」という不満はあちこちから耳にする。聞くところでは、ある大学が、どんな取り組みをすれば高評価になるのかと、他大学の判定結果を多数集めて比較検討を試みたことがあった。しかし、努力は無駄であった。どこにも一貫した判定基準を見出せなかったのである。

さらに、低評価を受けた大学がその理由を知りたいと思っても、手立てがない。評価判定の内容的な基準はどの文書にも記されていないし、評価結果書にも個々の判定の根拠までは詳しく書いていないからである。

もっとも、これには余儀ない面はある。高度に専門分化した教育・研究を対象とするだけに、審査の内容的な基準を示すのは無理である。また、法人評価は大規模事業なので、判定根拠を逐一記すのはむずかしい。だがそうではあっても、大学にしてみれば、何が原因で評価が低かったのかが不明だということには変わりはない。

さらに、判定結果からどのようにして予算面の報奨が算出されるのかもはっきりしない。報奨は運営費交付金中の「法人運営活性化支援」によるが、この額の算定に際しては、各大学の中期目標・中期計画の達成度をポイント制で査定するとのことである。だが、中期目標・中期計画は大学ごとに異なっていて、先の例でいえば「逆上がり」と「縦笛」である。そこに共通の尺度を設定するのは容易ではあるまい。しかも、詳細は公開されておらず、不明である。つまり大学にしてみれば、次期に予算を増やすべく努力したいと思っても、何をどうすればよいかはわからない。

以上を要するに、現行の制度では大学側に、何が欠点で今後どう動けばよいかを伝えず、ただ結果の数字だけで尻を叩くという形になっている。これでは建設的な政策とはいえまい。ついでながら、メリハリのつけ方もいささか性急である。共通指標などは、マイナーながら毎年のように制度の手直しがある。業績を刺激するにせよ、大学の行動を誘導するにせよ、成果連動配分の効果が現れるには数年を要する。それを待たずに毎年制度に手をつけるのは、それこそエビデンスの軽視ではなかろうか。

「社会的インパクト論」の不思議

政策当局側に強い焦慮があるのは筆者にも容易に想像できる。税金を投じる以上、研究力向上につながる確たる成果を見たいと考えるのは当然である。だが、高等教育というシステムの特性を十分勘案せず、ひたすらメリハリをつけたいというだけなら、いささか芸のない話である。

こうした性急さは、先にちょっとふれた「社会的インパクト」にも見てとれる。これは、イノベーションをはじめ、教育・研究の成果が学術面を超えて広く社会全体にもたらした影響のことである。最近は、大学の活動がどれほど社会で実際に役だったかという観点を予算配分に加えようという考えが強まっている。そこで第4期中期目標期間では、運営費交付金の配分に、社会的インパクトを生みだす取り組みを大学が行ったか否かを反映させるという方針となっている。

だが、これはあまりに前のめりの議論だといわざるをえない。社会的インパクトが生じるかどうかは、教育・研究そのものの質にもよるが、同時に社会の側の受けとめに大きく左右される。有名な例は新型コロナウイルスに対するmRNAワクチンである。基本的原理はコロナが流行する15年も前に開発されていたが、その後長く日の目を見なかった。言いかえれば、コロナの流行がなければ、このワクチンにあれほどの社会的インパクトは生じなかったはずなのである。

つまり、社会的インパクトは生みだそうとして生みだせるものではない。ある意味で結果論である。社会的インパクトを生みだすようにといわれた大学側は、結果論を自力で左右しろといわれたに等しい。

気になることがある。筆者たちが行った国立大学へのインタビューでは、少なからぬ大学が、これをうけて地域貢献などに傾斜している印象であった。基礎研究を行っても、将来的に社会的インパクトを生むか否かはおろか、具体的な成果に結実するかどうかすらわからない。それなら、地域貢献のほうが社会に対する成果が手っとり早くあがるというわけである。

地域貢献が悪いというつもりは毛頭ないが、しかし大学の本来の使命である研究とはやはり別ものである。大学の研究を活性化させようという政策が、むしろ研究力の足腰を弱めているとしたら皮肉である。

ドイツの大学予算もバラマキ

「メリハリ論」を支えているのは、日本の大学予算はバラマキだという見方である。とすれば、他国では明快にメリハリをつけているのだろうか。少なくともドイツはそうではない。

まず、ドイツの州立大学の収入構造（附属病院収入を除く）を簡単に説明しておこう。主たる収入源は州からの基盤交付金で、２０２２年では平均で全体の73・０パーセントを占める。外部資金は21・１パーセント、残る５・９パーセントが自己収入などその他である（HRK 2022）。なお、州立大学には原則、授業料はない。

外部資金は「ひも付き」で、つまり助成対象のプロジェクト以外には支出できないから、大学が自由に使えるのは約７割の基盤交付金のほうである。ところで日本の国立大学で、自由に使える運営費交付金と学納金を合算すると、やはり全体の７割程度になる。日独の収入構造はきわめて似かよっているわけである。

話の筋からはずれるが、ついでだからイギリスのケースを見てみよう（古阪 2019）。目だつのは、大学の収入において学納金が何と約５割を占める点である（２０１５年）。一方、公的交付金は３割強にとどまる。イギリスでは授業料が高額で、ほとんど日本の私立大学なみの高さである。一方、大陸ヨーロッパでは授業料のない国が少なくない。イギリスがヨーロッパでも例外的だというゆえんである。また、イギリスの大学が近年、学生満足度などアンケートに過敏なのもわかろうというものである。

さて、ドイツの基盤交付金はどのようにして決められているのか。多くの州で用いられて

図1－2　ドイツの大学への基盤交付金の構造

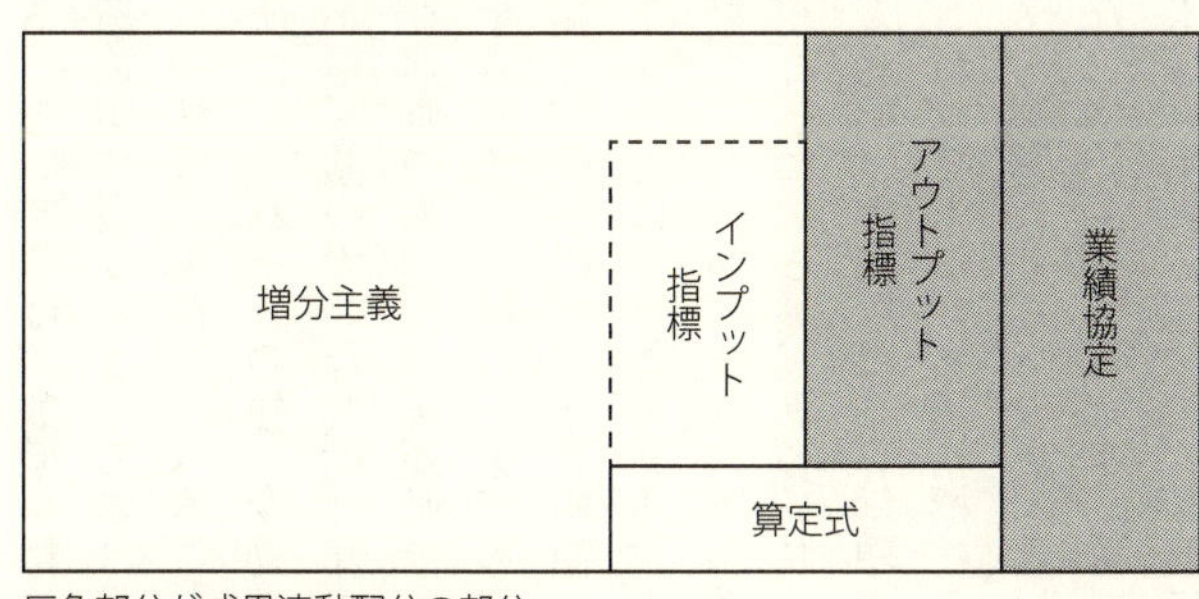

灰色部分が成果連動配分の部分

いるのが「三本柱モデル」である。つまり、三つの要素から交付金額を決定するという方式である（図1－2）。

第一の柱となるのが、基幹的な教育・研究活動を対象に想定した部分である。これはいわゆる増分主義方式で決まる。すなわち、従来実績分をベースにして、状況に応じて若干の加減を講じるという方式である。その際、在籍学生数などのいわゆるインプット要素を算定式を使って加味することも多い。ドイツでは、日本ほど学生定員管理が厳格でなく、また中退率も高いため、学生数の変動が大きいのである。

第二の柱にあたるのが、本章の冒頭で紹介した数値指標である。所定の指標での成績を算定式に代入して計算する。第三が業績協定である。大学の今後の発展に向けた戦略的企画にあてられる部分である。業績協定については第3章で詳しく説明する。

第二と第三の柱は、いわば時間軸上での対照をなしている。というのは、数値指標の対象となるのはその大学が過去にあげた成績であり、一方、業績協定に盛りこまれるのは将来に向けた企画のための経費だからである。その伝でいけば、第一の柱は「現在」とみることができる。

次に、それぞれの柱の変動具合を見てみよう。まず、第一の柱は過去の実績額をもとにするから、額の大きな変動はない。なるほどインプット要素で変動することはあるが、これは需要連動であって成果連動ではないから、メリハリにはあたらない。したがって、メリハリを生みだすのは第二、第三の柱である。

実は、両者による予算総額への影響はきわめて小さい。残念ながら、変動幅を正確に数字で示すことは不可能である。というのは、激変緩和のために、変動上限の設定や適用停止の発動など、いろいろな例外措置が設けられているからである。そこで、話は総体的な印象ということになるが、筆者がドイツの高等教育研究機関で聴取したところでは、成果連動による変動幅は実際には予算総額の1パーセント程度だというのが大方の見方であった。

これは日本での共通指標による変動幅と比べて、若干は大きいかもしれないが、いずれにしても顕著な差ではない。言いかえれば、ドイツの交付金の圧倒的大部分は、メリハリのきかない増分主義で算定されているわけである。

もっともある意味で、これは当然である。およそ大学の経費構造はどの国でも柔軟性に乏しい。人件費や基幹的な教育・研究活動に要する固定的な経費が圧倒的な比重をもったためである。メリハリをつける余地はそう大きくはないのである。

日独の財務面での裁量差

わが国の「メリハリ論」は結局、数値指標の偏重と同じく、大学への統制を厳格にしようとする傾向の表れといえる。この傾向は予算執行面にも見てとれる。

日本の運営費交付金もドイツの基盤交付金も、原則としては「渡しきり」という点で共通の性格をもつ。つまり、一括で交付され、実際の使途は大学側の裁量に委ねるというものである。以前は、どちらの国でもそうではなかった。予算は大学に交付される時点ですでに項目別に使途指定されており、項目をまたぐ融通は認められなかった。そして会計は毎年度末に「締め」があり、そこで収支の帳尻を合わせることになっていた。

こうした硬直的な予算執行はしばしば無駄を招く。年度末の予算の駆け込み消化はその典型である。むしろ、大学の裁量を尊重するほうが、現場の実情に合った有効な使い方ができると考えられる。そこで、ドイツでは1990年代以降の大学改革で（これについては第2章で詳述）、日本では法人化を機に一括交付へと変更されたのである。

しかし実際には、大学の裁量という面で日独間には相当の差がある。ドイツでは、大学の裁量を尊重するという原則がほぼ守られている。使途指定はほとんどない。たとえば人件費と物件費の間の融通は自由だし、消費的経費と設備投資の間の垣根もない。年度をまたいだ繰り越しも認められており、内部留保の蓄積も大学の裁量で決めてよい。

実際には、後段で述べるように、予算状況がきわめて厳しいため、やりくりする余地はそう大きくはない。それでも、予算の使い勝手にはかなり配慮されているといえよう。なお、念のために断っておくが、先に紹介した「三本柱モデル」は予算額算出の方法であって、執行を拘束するものではない。

一方、日本の運営費交付金には「渡しきり」に種々の例外がある。繰り越しには若干の制約があるし、もともと施設などへの投資は基本的に、別立ての「施設整備補助金」で行われる。使途指定は法人化当初にはなかったようだが、近年増える傾向にある。「学長裁量経費」や「ミッション実現戦略」に関する経費として指定されたものは、他の使途に振りむけることができない。指定が増えれば当然、その分大学の裁量は制限される。

もう一つの相違は予算額の固定である。ドイツでは、予算の大枠は高等教育のグランドデザインで設定される。グランドデザインについては第3章で詳しく説明するが、簡単にいえば、計画期間（3～5年のことが多い）中の州の高等教育政策の基本的方向を定めたものである。これを下敷きにして、各大学への毎年の交付金額も決定される。その額は計画期間中は固定されるのが普通である。大学側としては今後数年の収入が予測できるので、計画的な財務運営が可能になる。

わが国では、中期目標期間という業務期間はあるが、運営費交付金は毎年、成果連動配分を含めて算定しなおすことになっている。来年の数字すらわからないのでは、長期的な展望は立たない。国立大学側は予算を中期目標期間の6年間は固定してほしいと希望しているが、もっともな話である。

そもそも、共通指標自体が、中期目標期間の途中である2019（令和元）年に導入された制度である。ゲームの最中にルールが突如変更されたようなものだと、大学の間でも不満の声が少なくなかった。

以上のように、ドイツに比べて日本の大学は財務面での自律性が乏しい。ただ付け加えておくなら、ドイツもこの点、国際的に自慢できるほどのものではない。高等教育の自律性に関する全ヨーロッパ的な調査では、ドイツは財務面では「中の下」のランクにある（Pruvot et al. 2023）。ということは、日本の制度は国際的に見てかなり窮屈な部類に属するということになる。

5 「外国」では大学予算が潤沢なのか?

逼迫する大学予算

わが国では、法人化の後、運営費交付金の減額が続いたことが大学の活力を奪ったとの指摘が多い。それにひきかえ、「外国」では政府が大学予算を惜しまなかったため、今日研究力の開きが生じているのだという意見をよく目にする。

この点、たとえばドイツの大学はどうだろうか。結論的にいえば、予算不足という点でドイツの状況は日本と大きな差がない。むしろ、窮状は日本よりはなはだしいかもしれない。

ドイツでも第二次世界大戦後、大学への進学者が急増した。1950年代初頭からの20年間で学生数は6倍以上に増加した。この需要の急増に対応するため、政府は大学の新増設を進めた。ところが、70年代半ばのオイルショックで経済が減速すると、政府は政策を転換した。施設・設備の積極的拡大はやめ、高等教育への支出を抑制する方針へと変わったのである。それ以後、ドイツの高等教育予算は今日にいたるまでずっと緊縮基調が続いている。

もっとも絶対額で見るかぎり、この間も予算の増加は続いた。たとえば2008年からの10年間をとると、高等教育への公的支出は実質で33・7パーセント増えている。これは経済成長率を上回る伸びであり、だから対GDP比を見ると、この期間に0・79パーセントから0・92パーセントに上昇している。

問題なのは、学生数の伸びがこれをはるかに上回るテンポで進んだことである。同じ10年間に学生総数は45パーセント増加した。人口動態や高学歴化の風潮という構造的要因に加えて、徴兵制の廃止などの事情が重なったためである。このように教育需要が急速に膨張するのに、予算は追いつかなかった。これは相対的に見れば、予算削減と変わらない（EUA 2020）。

もっとも、絶対額のカットになることもまれでなかった。たとえば90年代、東西ドイツの再統一の余波で財政に窮したベルリン州政府では、かなり過激な緊縮策を用意した。同州のフンボルト大学、自由大学、工科大学という有力総合大学に対して、教授ポストをほとんど半減するという内容である。この削減は計画どおりには実施されなかったようだが、しかし同じころ、バーデン＝ヴュルテンベルク州では州内の諸大学に約10パーセントの一律予算カットを実行している（Mayer 2019: 99; Bogumil/Heinze, eds. 2009: 30f.）。

最近でもこの種の話は少なくない。ニーダーザクセン州では、諸大学がすでに設備費不足をかこっているなかで、さらに2020年から2年間予算を削減した。ザクセン＝アンハルト州にある総合大学のハレ大学では、政府からの交付金カットで年間23億円（換算）にのぼるほどの赤字が連年続いた。同大学ではすでに2000年ころに人員の2割カットを行っていたが、赤字はその後も解消せず、21年には再び大幅な人員削減を計画せざるをえなくなった（FAZ 1 April 2021; 31 May 2021）。

ドイツの科学研究予算の事情

「予算不足」はドイツの大学問題を語る際の常套句になっている。それを物語るエピソードにはこと欠かない。施設の補修・増設が追いつかないため、建物は老朽化し、ときに危険ですらある。講義室はしばしば満杯になる。受講生はしかたなく立ち見や通路に座ってノートをとる。過密を敬遠して、同じドイツ語圏のオーストリアの大学へ流れる学生も少なくない。過密になる一因は、大学が所定数を超えて学生を受け入れるためである。中部ドイツ・ヘッセン州の総合大学マールブルク大学においては、一部の学部で学生受け入れ数を30パーセント増にすることが常態になっていた。先述のハレ大学にいたっては、1万4000人という所定数のところ、2021年時点で5割増しの2万1000人強の学生が在籍していた（FAZ 2 December 2021）。

背景には、所定の予算では経費を完全には賄えないという事情がある。先に述べたように、基盤交付金の算定では学生数をインプット指標として用いる。そこで学生受け入れを増やして政府からの交付金額を増やし、不足を補おうという算段である。
以上を読んで、意外に感じる読者がいるかもしれない。科学技術政策の国際比較では、ドイツでは日本などより研究費がはるかに潤沢だという話をよく耳にするからである。たとえば、研究機関への公的交付額に関するある試算によると、日独の格差は何と2兆２０００億円にのぼるという（豊田 2019: 490）。これはどう理解すべきなのか。秘密はドイツの科学技術研究の体制にある。

ドイツでは大学以外に、公的機関が研究の担い手として大きな役割を果たしている。有名なのはフラウンホーファー、ヘルムホルツ、ライプニッツ、マックス・プランクの４つの協会である。このうち、マックス・プランク協会は、アインシュタインをはじめ30人以上のノーベル賞受賞者を輩出している基礎研究の名門として知られている。

これらの協会はそれぞれ、傘下に数十の個別研究所を擁して活発な研究活動を行っており、その支出総額はほとんど大学全体の研究支出額に匹敵する。予算の出所や割合は協会によって異なるが、いずれにしても連邦と州が主たる資金の出し手である。これら研究機関への予算が、国全体としての公的な研究予算額を押しあげている。しかも近年は、先端科学技術への要請が高まっているのを反映して、大学外研究機関への交付金は増額される傾向にある。

大学の予算事情に関連してついでに述べておくと、ドイツの大学には米英の大学などに見られる基金(エンダウメント)はない。わが国ではとくに昨今の「10兆円ファンド」との関連で、あたかも「外国」の有名大学はいずれも巨額の基金をもつかのように報じられた。ときには、基金設置こそが世界トップクラスの大学になる必要条件だという論調すらあった。

だが、その際好んで例としてあげられたのは、ハーバード、エールやオックスフォードなど、米英の有力私立大学である。ドイツには(そして、おそらく他の大陸ヨーロッパ諸国にも)これはあてはまらない。たしかに、大学には若干の内部留保はあるし、さらに財団法人格をもつ一部の大学は財団財産をもっている。だが、いずれも言うにたる規模ではない。それに、基金があれば、そもそも先のエピソードの示すような窮状が生じるはずもなかろう。

以上見たように、ドイツの大学は予算でかなり苦労している。だがその一方で、表0―1の世界大学ランキングが示すように、ドイツの国際的プレゼンスは大きい。とすれば、予算と大学の活力とを直結させる議論はいささか性急ではないかと思えてくる。

なるほど、予算は多いほうがよいに決まっている。理工系などでは、必要な設備なしでは研究にならないこともわかる。しかしだからといって、予算を増やせばそれだけで研究力が回復するのかといえば、どうもそうではあるまい。

国際的潮流からズレる日本

本章では、日本では大学に対して数値指標を軸にした強い統制が行われ、それが随所できしみを生んでいることを紹介した。統制は今後も、強められこそすれ、緩和されそうな気配はない。研究力の減退を食いとめる手立ては何より、教育・研究への規制と管理を強化することにあるとの発想が、政府には強いからである。

管理される側の大学は、決してこの発想を歓迎してはいまい。ただ妙なことに、だからといって積極的に異論を唱えるようにも見えない。あながち、文科省に対しては立場が弱いからというだけでもなさそうである。後段で述べるように、業績向上には学内の引きしめが必要だと考えている大学は少なくないようなのである。

だが、大学改革イコール統制強化というのは、決して高等教育の「常識」ではない。むしろ主要国のなかでは例外に近い。そしてドイツの事例が示すように、数字による規制や予算のメリハリがなくても、それが国全体の研究力に障っているとは見えない。

しかし他方で、国家規制は少なければ少ないほどよいというものではない。現代の高等教育のもつ使命を考えるとき、国家の果たす役割は大きい。要は規制のあり方である。この点を次章以下で考えてみたい。

第2章　古き良き「学者の共和国」から公的サービス機関へ

1　世界的潮流のなかの法人化

絶えない悪評

わが国ではドイツなどと比べて大学に対する国家規制が強いという事実は、おそらくおおかたの大学人にとっては特段の驚きではないだろう。大学改革をめぐる論議では、多くの論者が政府による統制強化を非難し、大学の自治が危機に瀕していると警鐘を鳴らしてきたからである。

その見方によれば、文科省は予算をテコに大学への影響力を強めようとしている。大学が自由に使える運営費交付金を減額し、代わって特定目的のプロジェクト的助成金を増やしたのはその策略の一つだという。ねらいは、大学の財務上の自由を制限すると同時に、国家的目的にリンクする助成金をめぐって大学同士を競わせることであり、こうして大学は、今日では「政府の下請け機関」になってしまったという（光本 2015: 2）。

経済界からの介入を警戒する声も強い。今日では、政府の審議会などには財界の代表がメンバーに入っていることが多いし、個々の大学でも本部に設けられた経営協議会に企業経営者などが加わっている。つまり、種々のレベルで経済界の発言力が増していると見るわけである。その結果、実利優先の原則がいよいよ幅をきかせ、大学の自治を掘り崩しているという。

ただ、こうした見方によれば、大学への脅威は今に始まったものではない。ここ数十年、学術の自律は大学改革の口実の下で制限される一方であったとされる。なかでも決定的な一撃となったのが２００４（平成16）年の国立大学法人化であり、これによって、戦後発展をとげてきた国立大学の制度や慣行が根本から崩壊したのだという。

これら論者の診断によれば、法人化後の大学は学務、財務などあらゆる面で活力をそがれている。すなわち、法人化以降の20年は、「政府による統制の強化と国立大学予算の削減による疲弊化」の時代にすぎなかった（山口 2017: 32）。このように見るなら、昨今議論の的となっている研究力低落など、何の不思議もない。法人化のもたらした悪影響がただ目に見える形で現れたにすぎないと理解できるからである。

では、日本の大学を再生するにはどうすればよいのか。この立場からすれば、処方箋は単純明快である。すなわち、大学をダメにしたのが法人化なのだから、法人化を破棄すればよい。「古き良き時代」の本来のあり方に立ちもどれば、大学は自然に往時の輝きを取りもどすはずだということになる。

法人化論議を歪めるバイアス

法人化は当初から、大学関係者の間では評判が悪かった。そして、法人化批判の論点は今日にいたるまで一貫している。すなわち、単なる「公務員減らし」のための便法、あるいは高等教育予算切り詰めのための口実という見方である。

しかし、筆者にはこのような批判は正当だとは思えない。法人化の本来の意義を衝いたものになっていないからである。このような論点の上すべりは、法人化導入時の議論にさかのぼる。というのも、導入を主導する側もこれに反対する側も問題の核心を摑みそこねていたからである。こうして出発点で、法人化論には不幸なバイアスが生じた。

バイアスの第一は、論点を大学の法的形態の次元に矮小化する傾向である。当時、日本の政治の大きな争点は行政改革であった。省庁の再編、行政コストの削減など種々の施策が打ち出されたが、なかでも注目されたのが公務員数の削減である。そこに、国立大学の民営化もしくは法人化という問題が浮上してくる理由があった。明治以来、国立大学は文部省の行政組織の一部であった。今、大学を政府から独立させれば、教職員は公務員でなくなり、公務員数が一挙に減る。

法人化にいたる経緯をたどるなら、当時の政府のねらいがここにあったのは明白である。この立場からすれば、ただ大学を政府機関でなくせばよい。こうして、大学に法人格を与えさせさえすれば一件落着、という見方が強まったのである。

文科省も、法人化に明確なビジョンをもっていたとは見えない。興味深い文書がある。「国立大学法人化後の現状と課題について」という文科省の2010年の文書で、法人化をフォローアップしたものである（文科省 2010）。これによれば、ドイツの州立大学をはじめ、諸外国では国公立大学も法人格をもっていて、それが自律的な経営を可能にしている。今や日本の国立大学も、法人化によってようやく同様の制度環境が整ったという。

実はドイツでは、大学の法人格と経営的自律とは無関係であり、その点でこの文書は事実誤認をしている。だが、それは大きな問題ではない。むしろ注目したいのは、法人に変われば自律が可能になるという発想が明白な点である。文科省が法人化イコール法的形態の変更という見方にいかにとらわれていたかが、ここからはよくうかがえる。

第二のバイアスは、法人化を予算カットと表裏一体に捉える視角である。法人化後の予算削減がその背景にある。運営費交付金の制度は法人化とともに導入されたものだが、当初数年間、これが継続的に減額されたのは事実である。具体的にいえば、「効率化係数」を交付金額にかけるという仕組みによって、前年度比1パーセント削減という措置が続けられた。この措置の後も、異なる名目の下で予算削減はしばらく継続された。

その結果、大学の予算は強い圧迫を受けた。運営費交付金総額の推移を見ると、法人化後漸減している。もっとも少なかった２０１３（平成25）年度では１兆７９２億円で、この額は法人化スタート時（２００４年度）の１兆２４１５億円からすると、13・１パーセント減にあたる（文科省 2020）。

当然ながら、これは大学側ではきわめて不評であった。収入の多角化など代替策をとるといっても、一朝一夕に可能なわけではない。実際には、経費節減しか手がなかった。こうして、法人化イコール予算カットというイメージが確立した。今日でも、大学の窮状を説く際には、「法人化で運営費交付金が減らされて……」という常套句が一種の枕詞になっている。念のために述べておくが、本来、大学に法人格を与えるか否かと、大学への予算を減額するか否かは別問題である（もっとも、後段で述べるように結びつきやすいのはたしかだが）。

この二つのバイアスは、その後の大学改革論議に負の遺産となった。法人化が本来もつ可能性を覆い隠したからである。しかし実際には、法人化は日本の高等教育にとっては大きなチャンスであった。ここであらためて、法人化とは何だったのかを考えてみたい。

イギリスから始まった大学改革の波

まず指摘しておきたいのは、わが国での法人化と前後して、多くの主要国で大学改革が行われたという事実である。しかも、改革の方向性は場所を問わず、ほぼ同一であった。

先鞭をつけたのはサッチャー時代のイギリスである。同国では、1980年代に立てつづけに高等教育に関する新規立法や制度改革を実行した。まず、大学への公的交付を削減する一方、大学に財務的自立の責任をもたせた。そのため、大学は収入の多角化をはかる一方、授業料収入を確保するために学生獲得に懸命になった。大学への資金配分も改革された。まず担当機関として「高等教育財政審議会」を設置し、経済界の意向がより強く反映されるようにした。また研究予算を中心に、成果連動の要素を盛りこんだ。

イギリスの大学はそれまで広範な自由の下で学術に専心できたが、今や資金と学生の獲得に奔命し、また互いに激しく競うようになった。拍車をかけたのが質保証機関などによるランキングである。このように、いわゆる高等教育の市場化がサッチャー時代に大きく進んだ。学内体制にもその影響はおよんだ。イギリスでは元来、部局を単位とした教授自治の伝統が強かったが、今では大学としての一体的行動が強く求められるようになった。その結果、学長などの経営陣の発言力が強まり、全学的な経営管理が強化された。

イギリスに続いたのがオランダである。1980年代から一括予算制など大学への権限委譲を進め、業績協定による管理方式を採用した。さらに高等教育予算を削減する一方、研究予算配分を競争的にし、また大学が外部資金獲得を増やすよう改革を次々に実行した。同じころ、フランスでも大学改革が進んだ。同国ではそれ以前から断続的に改革を進めていたが、80年代にそれを加速させた。具体的には、教授自治を制限し、代わって学長の権限を強化した。さらに学務や人事面での権限を教育省から大学へ委譲する一方、研究評価制度や一括予算制を導入した。加えて、業績協定を軸とした大学管理を始動させた。これらと同じような動きが、スイスでは90年代に、オーストリアでは2000年代に進んだ。最終的に、高等教育改革の波はヨーロッパ全体に波及していく。

これらの改革に共通するのは、政府から大学への権限委譲、学内での経営管理的統制の強化、競争の促進などの特徴である。高等教育政策における国家と大学の関係という角度からいえば、それまでの直接統制に代わって間接コントロールが主流となったのである。

なぜ主要諸国で大学改革が同時期に発生したのか。一つの背景として、欧州統合の進行がある。統合の動きは高等教育の分野にも波及し、「エラスムス計画」*に代表される全ヨーロッパ的交流が進んだ。当然、国境を越えた制度の調和が不可欠となる。しかしそれ以上に重要なのは、主要国の高等教育が当時、おしなべて共通の課題に直面していたという事実である。どんな共通課題だったかについては後段であらためて論じるが、その前にドイツの大学改革に焦点を合わせてみよう。

*エラスムス計画……ヨーロッパ連合（EU）の域内人的交流計画の一環として、加盟国間の学生交流を推進するために創設された助成プログラムである。これによってEU内の他国で学修やインターンシップを経験した学生は、1987年のプログラム創設から2014年までに330万人にのぼった。

ドイツにおける90年代の大学改革

ドイツで大学問題が世論の関心をよぶようになったのは1960年代のことである。日本と異なって、第二次世界大戦後、高等教育ではいわゆる戦後改革は行われなかったため、基本的に戦前からの大学制度がそのまま維持されていた。伝統的なドイツの大学の特徴は、教授自治と国家規制がセットになっていたことである。すなわち、学術面では、教授が教育・

研究面で大幅な自由を享受し、教授会や参事会（法人化以前の日本の国立大学での評議会に相当）を舞台に合議的運営を行っていた。他方、組織・人事や財務などでは教育省が大きな権限をもち、強い規制を課していた。60年代末の学生運動で学内体制はある程度「民主化」されたが、根幹が変わることはなかった。

しかし20世紀末ともなると、時代の趨勢とのズレはもはや覆いがたいものになった。80年代には大学は強い批判の的となり、改革を唱える声が高まった。いわく、教授たちは研究至上主義で授業を軽視しており、そのために教育の質が低い。教育・研究のテーマが高踏的で実用性を欠き、社会の需要にこたえていない。コンセンサス重視の運営なので意思決定が遅く、微温的である。学生の修学期間が長く、また中途退学も多い。国際化に後れをとっていて、英米の大学に水をあけられている、と。

改革が動きだすのは90年代である。連邦や諸州で次々に法改正や制度改革が進められた。以下、改革の概容を見ておこう。まず財務面では、予算制度がそれまでの項目別会計から「渡しきり」の一括交付制に変更される一方、数値目標や業績協定による管理が導入された。さらに競争による効率化をねらって、外部資金の比重が高められた。

学務面では、学部などの学内組織の改廃や学位プログラムの設置など、組織上の権限が政府から大学に委譲された。教育の質保証においても、事前認可から事後チェックへと変わった。すなわち、以前は教育省がカリキュラムを事前認可していたが、改革後は大学認証が質を保証する役目をになった。しかも大学認証では、いわゆる自己認証という制度を通じて、外部評価機関に代わって個々の大学自らが認証を行えるようになった。さらに、ヨーロッパ全体の「ボローニャ・プロセス*」に同調して、学士・修士の学位制度が導入された。

人事面でも権限委譲が進められた。以前は最終的に教育省の手にあった教授任用権が大学に移された。教授の俸給制度も改革され、業績手当の新設によって成果連動的な性格をもつようになった。また、若手研究者の自立を可能にするため、任期制の助教授（ジュニア・プロフェッサー）制が設けられた。

学内統治においては、学長室や学部長室などの経営的部署の権限が拡大された。さらに、学外者を主たるメンバーとする大学評議会（日本の国立大学の経営協議会に相当）が新設された。一方、それに比例して、参事会や教授会などの教授自治的機関の発言権が削減された。

*ボローニャ・プロセス……高等教育におけるヨーロッパ統合の動きであり、1999年に始まった。参加国間で学位・単位の制度を共通化し、また学生・教員の交流を促進することで、最終的に「ヨーロッパ高等教育圏」を構築することを目ざした。

左右を問わない改革への機運

改革が1990年代に進行したのはなぜか。興味深いのは、ドイツでは日本での法人化のような、節目となる単発の出来事はなかった点である。あえていえば、連邦レベルでの大学大綱法の改正（98年）がややそれに近い。だがドイツでは、州の動きのほうが重要である。教育を管掌するのは州であり、大学を直接に拘束するのは州の大学法である。したがって、ドイツの改革は、連邦と諸州が法令改正や制度改革で足並みをそろえることで進行したといえる。

連邦と州が一致して改革に動いたのには、それなりの理由がある。まず、大学改革について政界横断的な合意があった。すなわち、諸政党は左右を問わず改革に前向きであった。好例は、先にふれた競争的な「エクセレンス」事業である。

そのもとになる「エリート大学構想」を2004年に立案したのは、中道左派のシュレーダー社会民主党政権であった。しかし実現したのは2年後、政権交代を経て、中道右派のキリスト教民主・社会同盟のメルケル政権になってからである。すなわち、与野党間には大学政策で基本的な一致があったわけであり、だからこそ大学改革全般において政策の連続性や州間の足並みが担保されたのである。

合意は政治にとどまらず、ジャーナリズムの世界にも見られた。たしかに、大学改革論を主導したのは総じて保守的な論者であった。しかし他方、1989年にドイツ初の本格的な大学ランキングを実施して世間の大反響をよんだのは、『シュピーゲル』誌である。また今日では、『ツァイト』紙の大学ランキングが有名である。両者は、ドイツを代表するリベラル・ジャーナリズムとして名高い。

大学界でも改革に向けた機運が生まれていた。「ドイツ学長会議」(日本での国立大学協会に相当)は、メディア大手のベアテルスマン財団と協力して94年にシンクタンク「高等教育発展センター」(略称CHE)を設立した。同センターは今日、調査研究、コンサルティング、人材研修、ランキングなどの活動を展開し、大学改革推進の原動力の一つとなっている。また学長会議は、90年代末に教授俸給制度の改革論が浮上してきたときに、業績比例的要素を組み込むことに率先して賛成している。

以上を要するに、60年代以降、大学問題をめぐる危機意識は社会の各方面で徐々に醸成されてきた。それが90年代に入って、ヨーロッパ全域での改革のうねりに促されて表面化したと考えられる。

改革の原則としてのNPM

以上紹介したように、ドイツを含めて20世紀末にはヨーロッパ諸国で直接統制から間接コントロールへという大学改革が進行した。各国でこのように幅広い共通点があったのはなぜか。

それはいずれも、ニュー・パブリック・マネジメント（通例、NPMと略される）の原則を下敷きにしていたからである。NPMは1970年代以降、英米圏をはじめ多数の国で実践された公共経営の手法である。新自由主義の影響下、公共経営に民間の手法をとりいれることを眼目としていた。ヨーロッパの大学改革はそれを高等教育の分野にも適用したものである。

NPMは一連の政策的アイデアを大くくりした名称であって、一義的な定義はない。その目ざすところを高等教育に即して述べるなら、おおよそ以下のようである。

まず、政策企画（教育省）と業務執行（大学）を分離し、前者から後者への権限委譲を行う。これによって、教育・研究における現場の裁量を拡大する。というのは、業務実施についてのノウハウと経験をもっているのは現場であり、現場に任せるほうが経済的だからである。それに、いちいち中央にお伺いを立てずにすむから、決定や行動が機動的になり、効率的である。

次に、大学への統制は目標管理によって行う。従来は、政府が執行手順をあらかじめ詳細に定めたり、途中で進捗具合を検証したりと、直接的な介入が通例であった。目標管理ではそれに代わって、事前に政府と大学の間で約定した業務目標が最終的に達成されたか否かだけに注目する。達成されるかぎり、達成の手段・手順は問わない。それは現場の裁量に任される。平たくいえば、「終わりよければすべてよし」の考え方である。

さらに、現場組織を市場競争的な環境に置く。諸大学が競いあうようになれば、与えられた裁量に安住せず、教育・研究の改善にたゆみなく努力すると考えられる。そのうえで、成績良好な大学を予算面などで厚遇すれば、業務への意欲をさらに刺激できる。それは同時に、高等教育部門全体として資源の最適配分になる。

加えて、大学の業務執行に企業風のマネジメントを導入する。裁量を拡大するなら、それを十分に活用しうる経営の組織と能力がなければ意味をなさないからである。つまり、より上意下達色の強い意思決定の構造と内部統制の仕組みが必要となる。

一言でいえば、NPM改革の目ざしたものは規制緩和であり、市場メカニズムを使った分権化であった。大学は権限を拡充され、行動の主体性を強める。これに伴い、政府は大学の業務への直接的な介入をやめ、一歩退いて間接コントロールに徹することになる。

NPM改革としての法人化

わが国の法人化もNPM改革に属する。それを雄弁に語るのが、2002(平成14)年に発表された「新しい『国立大学法人』像について」という政策文書である（検討会議 2002）。法人化の基本方針が固まった後、文科省によって設置された委員会が、国立大学法人制度を具体的にどう設計すべきかについて調査検討し、その結果をまとめたものである。つまり、法人化改革の青写真である。

この文書によれば、法人化には三つの目標があった。すなわち、第一に大学がそれぞれ個性を追求し、かつ国際的水準の教育・研究を展開すること、第二に大学が社会への説明責任をより果たし、また競争原理によって効率化に努めること、第三に組織内の権限・責任を明確化し、機動的な大学経営を実現することである。

これらの目標を実現するため、来るべき国立大学法人の姿について、この文書では組織・業務、人事、評価から会計制度にいたるまで具体的に提言している。その説くところは、おおむね先に述べたNPM改革の骨子と一致する。提言は包括的でバランスのとれたものであり、高等教育におけるNPM改革がどうあるべきかという問題に対する、一種の模範解答になっている。

これは偶然ではない。そもそも国立大学法人の制度設計にあたって下敷きにされたのは、独立行政法人制度であった。わが国の独立行政法人は、サッチャー時代のイギリスにおいてNPM改革のなかで創案されたエグゼクティブ・エージェンシーに範をとったものである。

ただ、独立行政法人のままでは政府の監督権限が強すぎ、学問の府である大学にはそぐわないとして、手直しを加えて国立大学法人制度が作られたのである。

個人的な思い出話で恐縮だが、法人化の議論がわきあがってきた2000年代初頭の当時、大学では急に「エージェンシー」という語が教授会などで飛びかうようになった。耳慣れない言葉に筆者などずいぶん当惑したことを覚えている。

2　20世紀末における高等教育の課題

ユニバーサル段階に突入した高等教育

ではなぜ、多くの国で時を同じくしてNPM改革が実行されたのか。それは、これらの国の高等教育が共通の課題に直面していたからである。わが国の大学改革をめぐる議論ではあまり意識されないが、実は20世紀末という時期は高等教育の歴史で大きな節目をなしている。社会のなかでの大学のあり方が大きく変わったのである。

変化の第一は、高等教育の大衆化が決定的な段階に達したことである。第二次世界大戦後に上昇が始まった高等教育進学率は、20世紀末には多くの主要国で50パーセントを超えるようになった。アメリカの社会学者トロウの段階論でいえば、高等教育は「マス段階」から

「ユニバーサル段階」に入ったわけである。ただ、わが国では、ユニバーサル段階というと、進学率の数字だけが取り沙汰されがちである。はるかに重要なことは、大学教育の量的な拡大によって、大学と社会の関係に大きな質的変化が生じたことである。

大学が一握りのエリートだけのものであった時代には、「象牙の塔」のなかでどんな教育・研究が行われていようと、大多数の国民に関心はなかった。しかし、若者の半分が大学に通うとなると、話は異なる。当の学生自身はもちろん、親もまた大学での勉強が子どもの将来につながるのかと関心をもつようになる。金銭面も忘れてはならない。とくに家庭の学費負担が大きい日本のような国では、大学が多額の出費に見合うのかと考えるのは自然である。

納税者という立場からの関心もある。今日の大学には巨額の公的資金が注入されている。経営上、公的な交付金に大きく依存している国公立大学はいうまでもないが、わが国のように私立にも助成金が提供される国もある。加えて、大学の個別の研究プロジェクトに対しては、省庁からの補助金や受託研究費などが提供される。さらに学生に支給される奨学金も、授業料に充当されれば最後には大学の手許に回ってくる。

これらは元をたどればすべて税金である。とすれば国民は、自分たちが払った税金が大学で無駄使いされていないか、無関心ではいられない。つまり、国民の大学に対する眼差しは強まっているのである。

リスキリングからイノベーションまで

第二に、20世紀末には大学の使命に大きな変化が生じた。すなわち、大学本来の活動である教育・研究への期待が質量双方の面で拡大し、深化した。これに加えて、時代の要請を受けて、大学には新たな使命が課せられるようになった。

まず教育である。人材育成は大学にとって古典的な使命だが、その活動は知識基盤社会に向けて拡大し、かつ深まっている。まず量的には、ユニバーサル段階では学生数が著しく増えた。今や、大学は社会の半数に対して教育上の責任をもつのである。数が増えただけではなく、学生の形姿も多様化した。典型は生涯教育である。高齢化に加えて、産業構造のライフサイクルの短い今日では、「学び直し(リスキリング)」の社会的意義は大きい。大学はそれに対応した教育機会を提供するよう求められている。

質の面でも深化が見られる。社会生活の分化に伴って、高度専門人材が諸方面で必要とされるようになった。端的な例は、昨今わが国でも話題となっているデータサイエンスの専門家である。今日、さまざまな分野における専門的人材への需要を満たすべく、大学には、種々の分野で教育を強化することが求められている。

研究においては、イノベーションの牽引役としての期待が格段に高まっている。今日、一国の経済と社会の先行きは、先端的な科学技術で世界をリードできるか否かに大きくかかっている。そのことは、人工知能、水素エネルギー、iPS細胞など、若干のキーワードを思い出すだけで十分明らかである。

そのために主要国は、自国の大学を世界トップクラスのイノベーションセンターに整備すべくしのぎを削っている。こうして、20世紀末から競うように大規模な研究助成プログラムが生まれた。前章で紹介したドイツの「エクセレンス」事業やフランスの「エクセレンス構想」（2010年）はその好例である。アジアでは、中国の「985工程」（1998年）、韓国の「ブレインコレア21」（1999年）がある。日本も例外ではない。2002年の「21世紀COE」に始まって最近の「スーパーグローバル大学」まで、支援事業を次々に打ち出している。この関連で、世界大学ランキングが始まったのが2000年代初頭だという事実も示唆的である（上海ランキングは03年、THEランキングは04年）。

「第三の使命」と国際化

教育・研究という大学の古典的な使命が変貌しつつあるのに加えて、新たな使命も登場した。産学協同、社会貢献、地域協力など、「第三の使命」とよばれるものである。息の長い基礎研究とは異なる、産業界の当面の需要に即応した技術協力などはその典型である。大学の知的財産にもとづいた起業への要請も高まっている。また、周辺のコミュニティに対して、大学は経済ファクターとして、あるいは文化センターとして貢献を期待される。

このように、大学への社会の期待は拡大し、かつ高まっている。これに大学がこたえようとするとき、最大の鍵になるのがヒトである。学知の産出と移転を支えるのは何よりも人材、すなわち卓越した研究者、質の高い学生である。そこで、人材の獲得に向けて、諸大学は競って研究環境を整え、あるいは質の高い教育を提供しようとする。

獲得競争は国の内部にとどまらない。今日のグローバル社会では、容易に国境を越えて世界に広がる。学知には国境などないからいっそうである。こうして、留学生の受け入れ、国外からの研究者の招聘、海外諸大学との提携という課題が浮上してくる。すなわち大学の国際化である。

以上を要するに、教育・研究の拡大・深化の結果、ユニバーサル段階の大学は以前と比較にならないほど社会との関係を深めている。かつて大学は、知への奉仕を旨とする文化的機関、すなわち「学者たちの共和国」であった。しかし今日の大学は、種々の社会的負託を負う公的サービス機関の面をもつ。

注意したいのは、社会との関わりを深めるだけ、大学の活動と業績に関心と利害をもつステークホルダーが増え、しかも多様化してくるという事実である。それに比例して、社会から隔絶した「象牙の塔」でありつづけるのはむずかしくなる。

筆者が大学にいたころ、人文系への逆風が募ったことに文学部の同僚がこう憤ったことがある。「自分たちは実世間には役たたずかもしれないが、しかし迷惑もかけない。だから、『俺たちにかまわず、ただ静かに研究させてくれ』と声を大にして言いたい」と。しかし残念ながら、この同僚氏が思うような、大学が大学人だけのものであった時代ではもうないのである。

崩れる政府と大学の黙契

第三に、政府と大学との関係にも変化が生じた。まずは両者の権限関係である。旧来は多くの国で、大学は広範な国家規制に服していた。事前の規制であれ、執行過程での管理であれ、現場が教育省に頻繁に指示を受けて業務を進めるのが常態であった。だが高等教育の規模が拡大した新たな環境下では、この集権的な方式は十分に機能しなくなった。

一つには、事務的、時間的コストの増大がある。もともと集権的な方式ではコストは高い。コミュニケーション経路が長いうえ、両者間で頻繁なやり取りを要するからである。この難点がユニバーサル段階でははるかに重くなってくる。業務処理の事務量が著しく膨張するかたわら、作業が輻輳（ふくそう）してスピードも落ちる。状況に機動的に対応することはいよいよ困難になる。

加えて、大学の現場から距離のある中央が出す指示は、現場でのニーズに十分そぐわないきらいがある。政府から一元的に出される指示は、えてして画一的になりがちである。このことは、ユニバーサル段階では重大である。高等教育への社会の期待が多様化するなかで、大学はそれぞれ特色を追求しようとする。画一化はそうした大学の努力を妨げかねない。

次に財政面である。20世紀末には高等教育をとりまく経済的環境が大きく変わった。一つには、多くの主要国で生じた経済構造の変化がある。1970年代のオイルショックを機に、それまでの戦後復興に支えられた順調な経済発展に代わって、低成長が常態の時代になった。もはやどの国でも、好調な税収をあてにした積極財政は続けられなくなった。

もう一つは、高等教育自体の構造的な変化である。エリート段階では、学生との対人関係を基礎とした密度の高い教育が行われたが、それは学生数が少なかったからこそ可能であった。高密度の教育を大衆化した大学で続けるのは、コスト的に不可能である。増大する教育コストにどう対処するかという問題は、ユニバーサル段階に先だつマス段階でもすでに浮上していたが、大衆化がさらに進むにつれていっそう切迫した。

政府にとって、従来のごとく、進学者増に歩調を合わせて施設・設備を拡充するという政策は無理になった。代わって、予算削減と業務効率化が不可避となった。ある意味で、それまでの政府・大学間関係は、予算面の厚遇と引き換えに強い規制を受け入れるという暗黙の了解によっていたといえるかもしれない。その黙契の前提が崩れたのである。

「古き良き時代」には戻れない

以上3点にわたって、20世紀末に主要国の高等教育が共通して直面した環境変化を見てきた。これへの対策として浮上してきたのがNPMであった。国によらず問題状況は同じようなものだったから、多くの国がNPMを採用した。その結果、ヨーロッパ全体で足並みをそろえるごとく大学改革が進行したのである。

つまり、NPMは本来、ユニバーサル段階にある高等教育が直面する課題に対応し、そのうえで時代の要請に沿った、新たな教育・研究の形を見出そうとしたものであった。そのことは、日本の国立大学法人化にもあてはまる。先にあげた、法人化改革の「青写真」である「新しい『国立大学法人』像について」を思い出してほしい。この文書が改革の目的の筆頭にあげていたのは教育・研究の国際的水準への向上であった。まさしく、問題の核心を衝いた指摘であった。

今日から見て、環境変化に対する回答としてNPMがはたして正解だったかどうかは大いに議論の余地がある。実は、近年の欧米での議論では、むしろ否定的な見解が多数だといってよい。その点は本書の後段であらためてふれるとして、ここでは高等教育は20世紀末に新たな歴史的段階に入ったという認識の重要さを強調しておきたい。これからの大学のあり方を考えるうえで、この時代認識は不可欠である。

本章冒頭でふれたように、法人化に批判的な論者の間では、法人化以前への回帰こそ大学活性化の処方箋だという見方がある。しかし、この見方は素朴にすぎる。以上述べたような、今日の高等教育についての時代認識を欠いていて、今なおエリート段階の大学のあり方を万古不易の理想として奉じているからである。

大学をとりまく環境も大学に期待される使命も、その間に大きく形を変えた。この変化は現代社会全体のうねりを反映したものであり、だから逆転することはありえない。それにもかかわらず、なお「古き良き時代」に固執するなら、大学は社会から遊離するだけである。

3　法人化はどこでつまずいたのか

政府側の法人化理解の歪み

法人化をめぐる20年前の議論が上すべりだったのは、この時代認識が当事者には十分共有されていなかったからである。

政府の側では、行政のスリム化という短期的な関心があまりに強かった。そのため、国立大学の法的性格を変更することに注意が集中するばかりで、規制緩和による間接コントロールへの転換という、NPM改革としての眼目は閑却された。当の文科省にしても、この眼目をどれほど理解していたかはかなり怪しい。法人化改革の経緯をたどり直してみると、同省はむしろ従前の体制を保持するほうに関心があったようで、行政改革のうねりの高まりに対して受動的、後追い的な対応に終始していた印象が強い。いずれにせよ、法人化を高等教育の活性化にどうつなげるかという問題は、政府の側の関心からはこぼれ落ちていた。

先にふれた改革論議での「エージェンシー」についての筆者個人の思い出には続きがある。当初はかまびすしかったこの語は、実はやがて議論からすっと消えてしまったのである。当時、筆者など奇異に思ったものだが、今から考えると、「公務員減らし」が議論の前面に出たことと符合しているように思えてならない。

改革の眼目が十分自覚されなかったことは、その後に響いている。高等教育政策の大きな方向性が不明確になったのである。法人化ではいったん、規制緩和を目ざしたはずである。ところが実際には、その後も事前規制が事後チェックに切り替わらずに残存する一方、他方ではゆるめたはずの規制を再び強化する動きすら生じた。

前者の例としては質保証制度がある。事後チェック制度である機関別認証評価が２００４（平成16）年に導入された後も、事前規制である設置認可審査が残った。しかもこの審査は、設置時だけでなく、設置後数年にわたって履行状況を追跡調査するから、その点で機関別認証評価と半ば重複するのである。たしかにその間に、設置認可審査は幾分は簡素化された。しかし根本では、設置認可と機関別認証評価の二本立てという、わかりにくく重複のある仕組みは今日もなお変わっていない。ちなみに、ドイツでは、学位プログラムの新設は大学の権限であり、質保証は事後の大学認証のみである。

規制の再強化はたとえば財務面で顕著である。前章で説明したとおり、共通指標や中期計画などを通じて大学への統制は強まる傾向にある。注意したいのは、この規制強化がしばしば大学改革の推進だと誤解されることである。というのも、ここで好んで用いられるＫＰＩは本来、計数的合理化を掲げるＮＰＭに典型的なツールなのである。だから、これを重用することは一見、ＮＰＭの徹底のように見える。だが、実際にはこれが「終わりよければすべてよし」の目標管理からの逸脱であることはすでに示したとおりである。

教学の領域でも規制強化の傾向が指摘されている。大学の日常的な教育活動に対して、いわばマイクロマネジメントが強まってきている。典型は、中央教育審議会の出す各種答申である。同審議会は文科省の諮問機関にすぎないが、その答申は現実には、教育内容、教育方法などに関する政策的なガイドラインとして、大学に対して相当の強制力をもっている。

変革を阻む根強い現状肯定思考

もっとも、時代認識は大学の側でも明確ではなかった。

大学側は本来、法人化に反対であった。だが法人化論議が浮上してきたとき、全面的に拒否するのはむずかしいと見て、タテマエとしての反対姿勢を維持しながら、実際には落とし所を探るという方針をとった。しかし結果的には政府に押しきられ、不本意ながら法人化を受け入れるという経緯をたどることになったのである。

もともと改革を望んでいない以上、改革がどうあるべきかを考えようとする前向きの姿勢は生まれようがない。規制緩和による大学の裁量拡大は、教育・研究を自由に展開するため、その環境を整えるチャンスになりえたはずだが、実際にはこれを活かそうとする機運は生まれなかった。国立大学の代表機関である国立大学協会では、改革をめぐって再三議論を行ったものの、結局、大学側としての建設的な代案をまとめることはなかった。

大学界も完全に反対論一色だったわけではない。話は少々さかのぼるが、１９６０年代に永井道雄が「大学公社」論として、大学の自律拡大を唱えたことがある。法人化改革時にも、一部の大学からは、大学を変革するうえで法人化は必要だと主張する声があがっていた。だが、このような改革論が広がりを見ることはなく、大勢は従来どおり国家規制の傘の下にいることを望んだ。

国立大学の制度は戦後、半世紀にわたって大きな変革を経ずに存続してきた。その間に日本もすでにユニバーサル段階に入っており、制度のあちこちでひずみが生じていることはむろん、多くの大学人も気づいていたはずである。だが、それを積極的な変革へ結びつける動きは生まれなかった。

根本的にはやはり、国立大学に根強い現状肯定思考のせいと考えられる。国立大学のカルチャーでは、依然としてエリート段階に由来する価値観が強い。それに反する新規な企ては、およそ何につけ、「前例がない」とか「よき伝統にもとる」という理由で斥(しりぞ)けられる。このような経験は、筆者個人としても数えきれない。1970年代以来、文部省の主導で再三にわたって改革が論議にのぼったが、大学側がつねにこれに拒否的だったのも、この思考パターンを考えれば不思議ではない。

結局のところ、法人化に対しても、現状肯定の思考パターンが慣性のごとく利いていたように思われる。こうして、時代が移り変わるなか、旧来の教育・研究体制でもって十分に社会的使命をまっとうできるのかという根本的な問いは置き去りにされた。

その後も、大学側の姿勢が大きく変わったようには見えない。法人化は国立大学制度を根本的に変えるものだったから、それに沿った学内制度の変更はどの大学でも不可避であった。だが全体としては結局、必要最小限の手直しにとどまったようである。

好例は学内予算制度である。大学の財務では、法人化を機に「渡しきり」の運営費交付金が導入された。それまでの項目別会計と異なり、交付金をどう使うかは大学側の裁量である。本来であれば、これは学内での予算配分と意思決定を根本から見直す好機であったろう。この関連で注意をひくのは、法人化に先立って２０００（平成12）年に、国からの資金交付がいわゆる基盤校費制に変更されていたことである。これは、大学側の使途裁量を一定程度拡大するものであり、つまり学内予算制度の見直しを刺激するものだったはずである。

ところが実際には、学内予算制度は法人化をまたいで大きく変わらなかった。多くの大学では、名目は変えながらも実体としては旧来の制度を継続したようである。ようやく配分法にそれなりの変化が生じたのは最近、共通指標が導入されてからのことだという印象が強い。

袋小路の大学改革

法人化は、ＮＰＭ改革として見るかぎりは、成功したとはいえない。以上見てきたように、それに伴うはずの規制緩和的な施策は十分に実施されなかったからである。だが、そのこと自体を難じるべきではない。ＮＰＭは、ユニバーサル段階の諸問題に対する唯一の処方箋だったわけではない。それに、主要諸国を比較すると、ＮＰＭの実践の形態は決して一様ではない。だから、ＮＰＭの古典的原則を金科玉条視して、それから逸脱すればすぐさまダメと決めつけるのはおかしい。

ただ、ＮＰＭをわが国の事情に照らして修正するなり、部分的な履行にとどめるなりの対応をするにしても、その場合には代替の処方箋が必要である。そうでないと、大学が直面する諸問題への対応を放置したに等しい。だが、過去20年間、この点で十分な努力がなされたかは筆者にははなはだ疑問である。

代わって目だつのは、政府の側では、ＫＰＩによる「改革」を強化して直接統制を復活させる動きである。高等教育をとりまく環境が複雑化した今日、集権的な規制では対処できないからこその規制緩和であったはずだが、そうした認識はあまりうかがえない。大学の側では、政府からの指示に従いつつも何とか現状維持をと、知恵を絞ろうとする。あるいは、時代の変化を無視して「古き良き時代」の大学を憧憬し、法人化以前への回帰を主張する。これでは、日本の大学改革は袋小路に入るばかりではないか。

4　経営管理の強化の必要性

大学のアクター化

今日の高等教育の置かれた時代環境への認識は、大学の経営管理化という論点でも問われる。経営管理化とはつまり、学長などの経営陣の権限が拡大されると同時に、学内組織がより階統的な性格を強めるという動きである。

反法人化論では、経営管理化は大学改革のもたらした弊害としてよく取りあげられる。教授会を無力化して大学自治を掘りくずし、学内民主主義を破壊するものと捉えるのである。なかには、これは政財官と連携した学長らによる大学の「私物化」の動きにほかならないという非難もある。あるいは、わが国特有の「大学改革の国家主義化」であり、だから「外国」で行われているような教授自治に回帰すべきだという論者もいる（駒込編 2021; 石原 2023）。

しかし、20世紀末の高等教育の構造変化への認識があれば、こうした論者もまた違った理解になっただろう。経営管理の強化は、ユニバーサル段階における大学と社会の関係への対応として不可避のものだからである。そしてまさしくこの理由から、日本独自の現象などではなく、主要各国に広く見られる趨勢でもある。

先に述べたように、今日では大学は社会との関係を深め、社会からの期待は高まっている。その分、ステークホルダーが大学を見る眼差しは厳しくなっている。言いかえれば、大学は外に対する説明責任をいっそう求められるようになった。そのことは学内の組織のあり方に影響する。

というのも、説明責任の主体は大学だからである。財務的にも指示命令系統の点でも、組織として完結的な単位をなすのは学部や学科でなく、大学である。実際、外の目に映るのは大学当局である。たとえば学内で不祥事がおこったとき、記者会見で謝罪するのはだいたい学長である。ランキングも大学別が普通であり、話題を集めるのは、どの大学が順位を上げ、あるいは下げたかである。

以前のゆるやかな学内体制の時代であれば、「学部のことは学部に任せてあるから」で通ったかもしれない。だが、説明責任を果たすとなれば、学内各所で何がおきているかを把握し、必要に応じて対策を講じる体制が必要である。

加えて、大学が一体として動かなければならない局面も増えてきた。最近の大型助成プログラムでは、大学を単位としたものが目だつ。助成対象となる教育・研究拠点が学部やセンターにある場合にも、大学全体として取り組む体制を求められる。わが国でいえば、「スーパーグローバル大学」や「10兆円ファンド」などが典型である。

つまり要約すれば、今日の大学は一個のアクター（行為主体）として動くことが求められる。注意したいのは、大学がアクターたろうとすると、学内で摩擦が増大するのは避けられない点である。全学的見地からは望ましい決定が、必ずしも学内の全員に好ましいというわけではないからである。

典型は、大学が自学の特色強化の戦略として、教育・研究での重点領域を設定する場合である。重点領域となって予算が増える領域は喜ぶだろう。しかし、減額される非重点領域が出てくることを忘れてはならない。といって、だれにも痛みのない最大公約数的決定では、特色の形成にはならない。つまり、アクターであるには、それに応じた意思決定と指示伝達の仕組みが必要である。言いかえれば、経営管理の強化が求められるのである。

改革前のドイツの学内統治

経営管理はどの国でも強まっていると先に述べた。ドイツのケースは先に簡単にふれたが、ここで詳しく見てみよう。まず、改革前の伝統的な学内体制を瞥見しておく。

当時のドイツの大学の構造は、法人化以前の日本の国立大学とよく似ていた。まず、行政組織上の位置づけに関していえば、大学は教育省に属していた。日本と少々異なるのは、大学は行政機構の一部でありながら、中世以来の社団としての伝統から、同時に独立した公法上の法人という位置づけをもっていたことである。といって、大学に経営的独立性があったわけではない。すでに述べたように、学務面では教授自治が貫徹していたが、財務・人事・

組織などの面では完全に省に従属していた。

大学のトップは、学務面の責任者たる学長と事務機構を統括する事務総長の二頭制であった。学長の権限はさほど大きくなかった。教授たちの合議的組織である参事会が学務面での決定権をもっていたからである。学長自身も参事会での選挙で選出された。したがって、学長の職務は儀式・行事や形式的な決済など、名誉職的な性格が濃かった。そのため、学長職にはとくにマネジメントの経験や知識は必要とされなかった。

事務総長は通例、法学的訓練を経た行政官で、その大学の事務機構で昇進してきた者が教育省によって選任された。無任期職だったので、数年おきに交代する学長よりもはるかに大学の状況を把握していた。事務総長は職制上、学長ではなく教育相に下属し、したがって大学に対する教育省の「目付役」のような役割を果たしていた。このように、伝統的なドイツの大学は独立性が弱く、独自の経営管理はあまり必要でなかった。その意味で、当時の日本と同じく、大学は「経営」ではなく「運営」されるものであった。

一方、学術面では教授自治の原則が貫徹していた。研究・教育の自由は不可侵で、基本法(憲法)にも明記されていた。教授は国家官吏の地位をもち、したがって強固な身分保障を終身与えられていた。彼らの意思を代表する機関が、全学レベルでは参事会、学部レベルでは教授会であった。教授同士は互いに平等であり、運営に関わる意思決定はこれらの機関で合議的に行われた。

以上のように、当時は大学として経営管理は大して求められなかった。これは学部レベルでも同じであった。学部長はその学部の教授の間から輪番制で選ばれた。事務体制も弱体で、事実上は学部長秘書が学部の事務運営を切り盛りしていた。

学長室、学部長室の権限強化

以上のような学内統治は、1990年代以降の改革を経て変わっていった（図2―1）。第一に、経営的部署の権限が拡大強化された。全学レベルでは学長室、学部レベルでは学部長室である。

学長室は学長、副学長、事務総長から構成される。学長の選任は大学評議会が行い、参事会が追認するという手順によることが多い。学長職には専業化の傾向が見られる。日本の場合と同様、学内から選ばれることも多いが、しかし他大学で学長を務めた人物が招聘されるケースも珍しくない。その際、人材派遣会社を通じてスカウトされるなどということもある。もっとも、学外者といっても教育・研究の経験ある大学人であるのが普通で、経済界の出身者はほとんどいない。任期はだいたい2～6年だが、再任の制限は強くない。ミュンヘン工科大学は理工系でトップクラスの大学だが、ここの先代の学長は20年以上にわたって在任し、

「起業家的大学」の実現を旗印に改革推進で辣腕をふるったという例がある。なお、女性は約3割である。

副学長は3〜4人で、学内の教授の間から学長の推薦にもとづいて決定される。兼任職であるのが普通で、つまり副学長の職務と並行して教育・研究にも携わる。副学長にはそれぞれ、教育、研究など所管分野が割り当てられる。

学長室で鍵になるのは事務総長である。学長とならぶ専任職であり、全学の財務、組織、人事、施設整備を一手に掌握し、また事務機構を統括する。その意味で、まさしく大学経営の枢要となるポストである。今日では任免権は大学に移っており、公募を通して学外から任用されるのが普通である。人材要件としては、実践的な経営的能力が重視され、具体的には学術機関等でのマネジメント経験などが問われる。英語力など、国際化方面での能力も必須である。学歴に関しても法学的素養の持ち主は減り、代わって経営・経済などが増えている。博士号保持者も多く、ある調査では総合大学の事務総長の49・2パーセントがそうである（Blümel 2016: 191）。したがって、経営的力量に加え、教育・研究の特性や学術界の事情にも理解が深い。任期は6〜10年で、学長職よりは長い。やはり再任制限は強くないので、長期在職のケースも少なくない。また、俸給はたいてい成果連動である。

日本の国立大学で事務総長に相当するポストは理事兼事務局長である。この職はたいてい

図2－1　ドイツの大学の本部機構

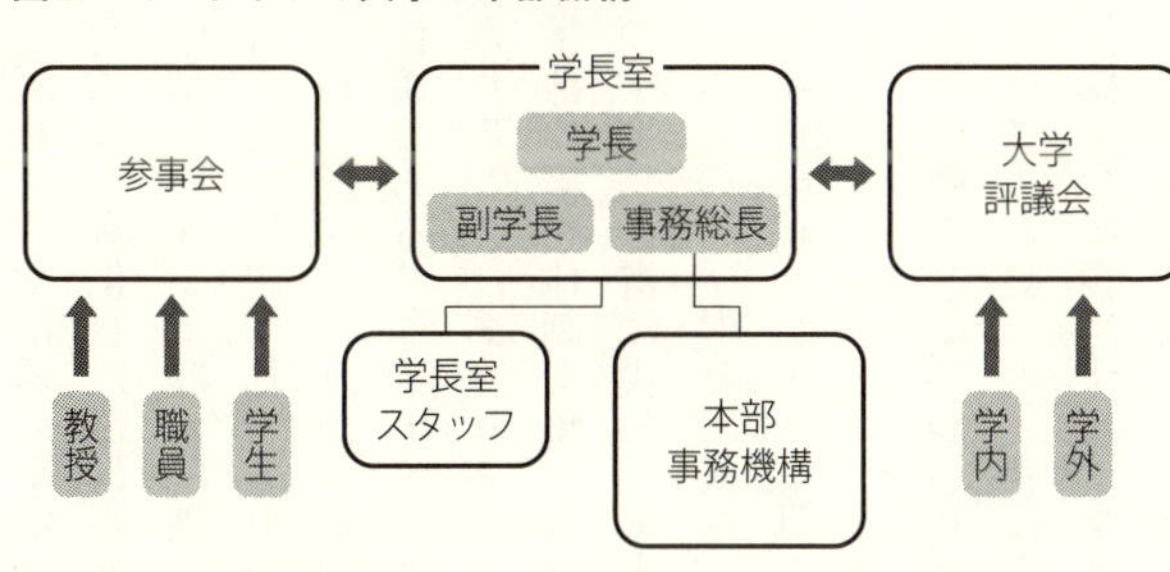

文科省からの出向者で占められ、しかも3年程度で交代する。したがって、ドイツのほうが専業化しているといえる。

学長室は、組織、人事、財務、施設整備などで幅広い権限を与えられている。学科や学位プログラムの改廃、教授人事の最終的承認、政府との業績協定の交渉、予算計画の立案、キャンパス整備など、多くの事項がそこに含まれる。事項によっては、大学評議会や参事会の追認を必要とするものも少なくないが、実質的決定は大学経営陣の手にあるといってよい。

大規模な大学では、学長室には本部事務機構とは別立ての専任スタッフ部門が直属している。大学経営陣の業務範囲と権限が拡大したためである。これらスタッフは、学長たちの意思決定を専門的な知見や調査で支援し、またその意を体して学内調整を行う。

専任スタッフ部門は、研究マネジメント、質保証、広報・マーケティング、学生サービス、法務などの専門領域に分かれている。スタッフの多くは博士号をもっており、専門的見識をもつと同時に、学術界の事情や文化にも精通している。今日のドイツの大学では、このように高度に専門職化した職員が増えつつある。「学術マネージャー」とよばれる人々である。

学部レベルでも経営的部署が強化された。多くの大学で学部長の任期が延長され、また人事などでの権限が拡大された。また、副学部長や教育担当副学部長などの役職が設けられ、学部長室が強化された。もっとも学部長は改革後も、その学部の教授の間での互選によるのが普通である。専業化はあまり進んでおらず、輪番での就任という面が依然強い。また、再任されることはあまり多くないようである。

学部の事務体制も整備された。大きな変化は事務長という職が設けられたことである。従来の学部長秘書に代わって事務運営を担当するポストである。本部における事務総長に対比されるもので、財務、組織、人事、施設等の点で学部経営に責任をもつ。学術マネージャーが事務長に就くケースも見られる。

大学評議会の新設、弱体化する教授自治

改革による第二の大きな変化は「大学評議会」の設置である。これは日本の国立大学での経営協議会に相当する。学外のステークホルダーの意向を経営に反映させることがねらいで、ほとんどの州で設置が義務づけられている。

評議会の規模はだいたい10人弱で、過半が学外から選任されるのが普通である。全国的な調査によると、学外メンバーの約半数が他学の教授で、経済界出身者が3割程度である。メンバーは名誉職であり、年に数回、それぞれ数時間参集して経営に関わる諸問題を議論する。評議会は比較的独立性が強い。まず評議員の選任には、州教育省や、大学側では経営陣や参事会など、多数が関与するので、一面的な人選にはなりにくい。また、学長や副学長は評議会メンバーには含まれないし、評議会長は学外メンバーの間から選ばれる。つまり、評議会は経営陣と一線を画している。

評議会は、大学憲章の作成や修正、将来構想計画や予算案の決定などの重要事項で決定・承認権をもつ。この権限を通じて、評議会は経営陣の行動にチェックをかけることができるし、あるいは学外での見識を学長らに提供して支援する。また、監督権限ももつ。たとえば、評議会はいつでも学内のあらゆる情報にアクセスする権利を与えられていて、経営陣は請求を拒めない。

評議会の大きな使命は学長など経営陣の選任である。候補者の選定や絞り込みなど、手続きを主導することが多い。州によっては、評議会が単独で選任権をもつ。

第三の変化は、旧来は大学運営の中心だった、教授自治のための機関が弱体化したことである。これは、学長室や評議会をめぐる動きの、いわば裏面といえる。好例は参事会である。

参事会は以前には、大学の最高意思決定機関として、学務を中心に広範な決定・承認の権限をもっていた。しかし、大学改革を通じてその権限は削減され、一部は学長室に委譲され、一部は新設の大学評議会に吸収された。一例をあげるなら、教授招聘は、以前であれば参事会が認めればそれで決まった。しかし今日では、参事会を通過した人事案を学長が却下することができる。

他方で、参事会が経営陣や評議会に対して一定の歯止めとなっているのも事実である。まず制度的に、学位プログラムの設置・廃止や学修規則の制定など、正式決定には参事会の追認が不可欠の事項は少なくない。学長の選任でもしかりである。また実態上も、参事会の発言力は無視できない。というのも参事会は、教授・職員（学術職員および事務・技術系職員）・学生という、大学の三つの職分集団から構成され、したがって学内世論の代弁者という性格をもつからである。もっとも、発言力が大きいとはいえ、大学の意思決定の流れにおいては、その役割は拒否権的なチェック機能にかぎられる。

以上が、ドイツの大学での経営管理化の様相である。経営的部署の権限が拡大し、経営職の専業化、さらに事務職の高度専門化の傾向が見られる。総じて、日本よりも経営管理化は進んでいるといえる。ドイツと同じような改革は、先に見たように、イギリスやフランスなどでも確認される。

図2－2　日本の国立大学の本部機構

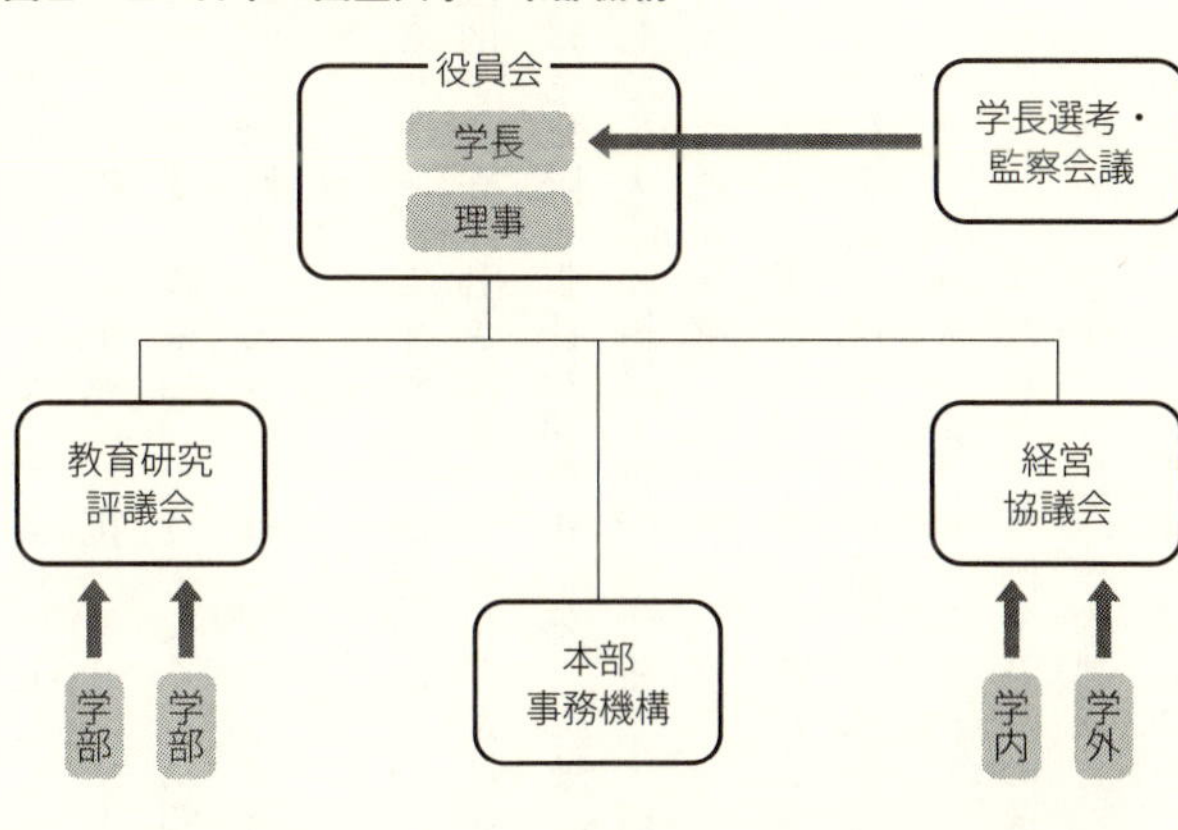

「学長リーダーシップ論」はなぜ強調されるのか

日本でも、大学改革の一環として経営管理化が進んだ。だが、統制的発想の色濃いわが国の高等教育政策では、ここにも特徴的な展開が見られる。すなわち、大学トップによる集権的な意思決定を過度に強調する動きである。

わが国では、1980年代末あたりから大学の内部統治体制についての関心が強まった。とくに強調されたのが、改革推進のためには学長のリーダーシップの強化が不可欠だという見方である。それ以後、「学長リーダーシップ論」は今日にいたるまで政策文書に繰りかえし現れる。

背景にあるのは改革テンポの遅さへの苛立ちであろう。言いかえれば、改革があれほど高唱されていながら、実際には遅々として進まないのはなぜかという問いである。そこで説明としてしばしばもち出されるのが、教員が既得権にしがみつき、学部の教授会を根城に抵抗するせいだという見方である。改革停滞を古い学内体制のせいだとする論は、政策当局だけでなく、新聞などにもしばしば見られる。専業的な大学トップが経営に辣腕をふるうという、アメリカ風の学長イメージが無意識のうちに理想視されているのかもしれない。

この考えからすれば、必要なのは学内体制の引きしめである。こうして、「ガバナンスの強化」が打ち出される。つまり、大学トップのリーダーシップを強化し、同時に学内組織における権限と責任を明確化する。つまり、大学本部で全学的な経営方針を定め、諸学部を動員して「大学の組織を再構築する……構造改革をやりきるだけの、強靭な枠組み」を目ざすわけである(有識者会議 2023)。

このような動きは、すでに実際に大学で生じている。たとえば、前章でふれたように、運営費交付金における共通指標を学部への予算配分にも適用している大学は少なくない。さらに、中期目標・中期計画の実施に向けて、集権的な体制を整える取り組みがあちこちの大学で見られる。すなわち、目標・計画の遂行を内容に応じて諸学部に割りふり、目標達成の度合を中央から管理するという体制である。こうして学長のリーダーシップの下、全学が一丸となって目標・計画の達成に邁進することになる。

もっとも国立大学全体としては、こうした集権的な経営管理化はまだ支配的にはなってはいない。旧来からの「ゆるい」意思決定方式が、なお多くの大学で維持されているようである。まさしくそのゆえにこそ、「学長リーダーシップ論」が倦むことなく繰りかえされるのだろう。

「学長リーダーシップ論」は一見、当然至極に見える。教育・研究の最前線に立っているのは学部である。大学の業務の実働部隊である学部を巻きこまなければ、いかなる目標・計画も実現はありえない。企業であれば、これはむしろあるべき経営体制である。会社の経営戦略に沿って策定した全社的な数値目標を組織内で展開し、個々の担当部署がそれぞれ割り当てられた目標の達成に向けて努めるわけである。大学もこれに倣うべきだという理屈はもっともに響く。

大学は企業とどう異なるのか

だが、このような集権的経営管理化をいっそう推し進めるのは適当なのだろうか。とくに考えるべき点は、企業風の意思決定がそもそも大学に適しているのかという問題である。ここで筆者は、ことさらに「大学特殊論」を唱えるつもりはない。だが、大学組織に官僚制的組織とは異なる特性があるのは厳然たる事実である。それを無視した政策を強行しても、大学の活性化にはつながるまい。

　大学組織の特性を考えるうえで重要なのは、それが主として教員という専門職からなるという点である。彼らが行う教育・研究は専門的・個別的で、したがって標準化や定型化になじまない。インプットとアウトプットの間に機械的な相関もない。時間を多くかけたからといって、それだけ教育・研究の質が高まるわけではないし、なかにはペニシリンの発見のように、予想もしない成果が偶然生まれることすらある。

　加えて今日、学知の爆発的拡大をうけて、専門分野の多様化や細分化は進行する一方である。たとえば、筆者の属する歴史学を例にとれば、歴史学という学問のくくり方は、大学の日常からすれば完全に有名無実である。実際の教育・研究は日本近代史、中国古代史、フランス中世史などという畑に分かれて行われており、学会もこのような畑を単位にして組織されている。同じような動きは文理を問わず、どの分野でも観察できる。つまり、今日の大学はよくいわれるようにもはや「ユニヴァーシティ」ではなく、「マルチヴァーシティ」なのである。

　このことは、大学組織のあり方に反映する。つまり、個々の教員あるいは講座・学科は、それぞれ独立性が強くなり、またその結びつきはフラットでゆるやかなものとなる。逆にいえば、大学では会社でのような上意下達の階統的関係はなりたちにくい。たとえば、学部長が上司として個々の教員の教育・研究を内容的に理解し、その業務遂行の良否を査定するなど不可能である。つまり、指示・報告、評価・統制という官僚制的ツールは、大学組織には適用しにくいのである。

上意下達がむずかしいなら、教員の自発性を喚起するしか途はない。だが、この点でも大学がとれる手段はかぎられている。教員の教育・研究への動機は、知的好奇心や使命感にもとづくところが大きい。加えて、彼らは大学の一員ではあるが、それぞれの学界に対しても帰属意識をもっていて、ときに大学への忠誠心より強いこともある。だから、学界で認められたいという学問上の名誉心が彼らの活動を大きく左右する。こうした教員に対して、大学内での昇給や昇進を提示しても大した効果はない。現に筆者の周辺でも、研究の妨げになるからと、学部長などの役職につきたがらない知人は数えきれない。

つまり、大学は複合的な組織なのである。構造が比較的斉一的で、しかも業務の目標が利潤追求に一本化された企業とはかなり異なる。そこに企業風の堅固な一枚岩体制をもちこんでもうまく作動しない。それにもかかわらず上意下達を強行すれば、無理が生じる。教育・研究は自発性にもとづいた創造的な営みである。上から無理やりタガをはめようとすれば、創造性を窒息させかねない。

それでもあえて企業組織との対比を求めるとすれば、ピラミッド型の集権組織よりも分権的な事業部制のイメージのほうが適当である。部局や学科を、製品や市場の相異なる事業部に比すわけである。分権的組織では、上から一律の指示を与えるのではなく、現場に一定の裁量を与えて、それぞれの事情に沿った経営をさせるほうが、活力をひき出すうえで効果的である。実際、アメリカの大学などでは近年、一部に学内分権化への動きが見られるという。

再三述べたように、大学のあるべき姿に普遍的な解はない。高等教育は歴史と文化の産物であり、集権的体制がいちがいに悪いとはいえない。また先に見たように、今日の大学では経営管理化は不可避の課題である。ただ、それはあくまでも大学という場の独自性を十分勘案したうえで、それとのバランスで追求されるべきである。「学長リーダーシップ論」はその点での危うさを感じさせる。

第3章 「ゆるやかな目標管理」でうまくいくドイツ

1 ドイツの業績協定と日本の中期目標・中期計画

目標管理という点では同じだが……

ドイツの大学をめぐる環境は、わが国と比べてはるかにゆるやかに見える。それこそ、本来のアカデミズムだと見る向きがあるかもしれない。すなわち、大学は国家干渉などとは無縁に広範な自治を享受し、大学人は思うがままに真理追究にいそしんでいるのだと。

むろん、これは誤解である。あらためて確認しておくが、ユニバーサル段階の今日、大学に対する自由放任などどこにおいても存在しない。他の主要国と同じく、ドイツでも21世紀社会で大学が果たす役割への期待は大きい。だからこそ、前章で紹介したごとく、ドイツでも1990年代以降、NPM改革が実行されたのである。法人化というNPM改革を試みた日本と、その点変わりはない。

さて、NPM改革での眼目の一つは、政府・大学間関係が直接統制から間接コントロールへと移行することである。間接コントロールでは、現場に対する管理は目標管理による。すなわち、事前規制を通じて教育・研究を直接に統制するのではなく、目標が達成されたか否かの事後チェックが主眼となる。つまり、「終わりよければすべてよし」の考えである。

そのために用いられるツールが、わが国の場合は中期目標・中期計画である。ドイツでは業績協定である。業績協定は、ドイツをはじめ主要国において、高等教育の規制緩和改革で導入された。改革後の大学コントロールにおいて、業績協定はその主柱をなすものであり、ドイツの行政学者のボグミルらが言うように、「学外のステークホルダーである国家が大学を外部から統制する際の中枢的な要素」なのである（Bogumil et al. 2013: 36）。

このように、日独は目標管理という点で同じ方式をとっている。なのに、大学へのコントロールのあり方が対照的である。なぜこうした差が生まれるのか。本章では、「ゆるやかな目標管理」をキーワードに、ドイツでの業績協定による間接コントロールのあり方を、日本の中期目標と対比しながら考えてみたい。

フランスやオランダでも

業績協定とは、業務上の目標について個々の大学が政府と協議し、それにもとづいて締結する契約である。そこには、教育・研究、社会貢献、管理運営などにおいて、その大学が今後数年間の計画期間中にどんな目標を追求するのかが記されている。それだけでなく、政府が大学の目標追求の努力をどのような形で支援するかも盛りこまれている。目標を列挙した文書だという意味で、業績協定はわが国の中期目標・中期計画と似ているわけである。

ドイツでの業績協定の始まりは1997年である。このとき、二つの州で導入されたのだが、その後急速に普及し、2000年代の半ばには多くの州で法律によって義務化されるにいたった。これはちょうどドイツで大学改革が進行していた時期にあたる。14年の時点では、全州立大学のうち89・5パーセントが業績協定を締結していた(Bungarten/John-Ohnesorg, eds. 2015: 61)。

業績協定の普及はドイツにかぎった話ではない。ある調査によると、2018年の時点でヨーロッパではドイツを含めて7ヵ国で、ヨーロッパ以外でもオーストラリア、カナダ、香港やアメリカの一部の州などでも用いられている(Curaj et al., eds. 2018: 671-87)」。

ヨーロッパで業績協定がもっとも顕著な役割を果たしたのはフランスだろう。同国では20世紀後半に大学改革の取り組みが断続的に進められたが、なかでも大きな節目になったのが88年に導入された業績協定制度であった。

元来、フランスは集権的統治の伝統が強い国柄であり、高等教育も例外ではなかった。大学は政府の強い統制下にあり、かつ全学的な一体性が乏しいという特徴があった。つまり、大学は講座や学部がゆるやかに集合した寄り合い所帯にすぎず、教育省が大学本部の頭越しに直接に現場の講座などを統制する仕組みとなっていた。

この直接統制の制度が、業績協定の導入によって間接コントロールに変わった。大学は4年間を単位に戦略計画を策定し、それにもとづいて政府と業績協定を締結することになった。予算もこの協定に沿って大学と政府の交渉で決定された。自前の戦略をもつことで、大学は独立性が高まり、政府に対してより対等な立場になった。また、業績協定に記されるのは大まかな指針のみであり、具体的な取り組みを委ねられた大学はより主体的行動がとれるようになった。学内の構造も変化した。学長の権限が拡大し、全学的なレベルでの意思決定と行動が可能になった。

オランダでも業績協定は改革の核となっていた。同国では88年以降、教育省が策定した高等教育全体のグランドデザインにもとづいて、各大学が4ヵ年計画を策定するという制度が導入された。後に12年に、これが業績協定制度へと整備された。教育の質向上や大学の多様性促進など、種々の業務上の目標について政府と個々の大学とが約定し、期末に成果検証を行って、その結果を次期の予算に反映するという仕組みが生まれた。こうして同国の高等教育政策は、直接統制から間接コントロールへの転換を大きく進めた。

ドイツの業績協定と日本の中目・中計

業績協定と中期目標・中期計画とはどこが違うのか。目標管理ツールというおおもとは共通しているが、実は運用のあり方や役割となると、相当の相違がある。そこでドイツの業績協定を材料にして、両者間の相違を見てみよう。

まず形式面である。日本の中期目標・中期計画は様式がかなり統一されていて、記入欄などもあらかじめ書式として指定されている。つまり、政府側が決めた枠組みに合わせて、大学は自らの目標・計画を組み立て、そこにはめ込まなければならない。

一方、ドイツの業績協定の体裁や分量は、大学ごとにかなり異なる。たいていの協定は文章体で記述されているが、なかにはエクセルで表にしたものもあり、すなわち形式がきわめてゆるやかである。個々の大学の意思や事情に合わせて柔軟に設計できるわけである。

次にいささか細かいことだが、業績協定の末尾にはきまって学長と教育相の署名が据えてある。つまり、双方が対等なパートナーとして締結した契約という形式となっている。ただし、これは単なる形式ではなく、実際、大学側の掲げる目標とならんで、政府側の約束も盛りこまれるのが原則である。たとえば、学生受け入れ数に関する条項を例にとると、大学側が目標とする人数を記すのに対し、政府側がそれに必要な額の交付金を約束するという書きぶりである。つまり、業績協定は対等的で双務的な契約という性格をもつ。

もっとも、どの条項にも必ず政府側の約束が併記されているわけではないし、それに双務性や対等性がつねに看板どおり実現しているとは考えにくい。当然ながら、カネを握る政府側のほうが優位にあるはずである。

むしろ重要なのは予算総額の確約だろう。第1章でふれたように、ドイツでは大学に対する予算は複数年間の予算期間中は固定されるのが普通である。これは業績協定のなかに書き込まれる。たとえば、ベルリン州は諸大学との業績協定で、今後5年間の交付金を具体的金額をあげて約束している。

ちなみに、日本の中期目標は法律上、文科大臣が決定するものであり、大学側はそうして決定された目標を提示されるだけとなっている（国立大学法人法第30条）。実際の運用では、大学側の原案がかなり尊重されるが、しかしそれでも原則としては一方通行である。内容も片務的である。記載されるのは大学側が追求する目標・計画だけであって、政府側の義務にはまったく言及がない。

はるかにゆるやかな業績協定

日本の中期目標・中期計画を見慣れた目には、ドイツの業績協定は総じておおらかに映る。細目まで曖昧さを残さぬよう詰めきる、などという堅苦しさがない。大きな理由は、業績協定の目標には質的な性格のものが多いことである。だから、「○○を実現する」「○○を目ざす」などと、方向性を幅広な表現で記述するものが目だつ。質的な目標をそのまま記述できるから、ビジョンや戦略なども十分に協定に書き込めるという利点がある。

逆に、数値的な目標は多くない。好例はマックス・プランク協会の業績協定である（公的研究機関にも大学と同様、業績協定の義務がある）。マックス・プランクは世界トップレベルの研究機関である。さぞかし論文数だとか被引用度数などの目標を多数盛りこんでいるに相違ないと、読者のなかには想像する向きも多かろう。だが実際には、計量書誌学的な指標はゼロである。代わって、新たな研究領域を開拓するとか、社会に研究人材を供給するなどの質的な目標が多数ならんでいる（GWK 2021）。

ドイツの協定がおおらかに映るもう一つの理由は、目標と取り組みの扱い方である。協定には原則として目標しか記載しないことになっている。だから、協定の文面に細々とした記述がなく、全体があっさりしている。

裏返せば、目標達成に向けてどんな具体的取り組みをするかは協定には含めないのである。日本の場合、目標にいたる道筋を明示するため、中期計画や取り組み内容が重視され、これらを詳細に記述することになっている。この部分がドイツにはないわけである。たしかにドイツでも、具体的な取り組みを記述している業績協定はある。しかしその場合も、協定の対象は目標のみであり、取り組みはあくまでそのための補足説明という扱いになる。

というのは、取り組みに関する決定は大学の権限に属するというのが業績協定の原則だからである。つまり、どんな取り組みを選ぶかは大学が独自に決定してよいし、またその後の状況推移に応じて臨機応変に変更することも自由である。そうすることで、現場としての大学の裁量を確保している。一方、日本の中期計画は、策定するにも修正するにも、文科大臣の認可を受けなければならない（国立大学法人法第31条）。

日本とのもう一つの大きな相違は、業績協定が選択的なことである。つまり、大学の活動全部をカバーする総花的なものではなく、大学が重要と見なす目標だけを対象とすることになっている。たとえばバイエルン州にある総合大学エアランゲン大学の業績協定では、取りあげるのは経営効率化、教職員人材、デジタル化、共同参画の四つのみである。さらに大学によっては、学生受け入れ増など特定テーマだけに絞った業績協定すらある。

選択制は重要なポイントである。目標を選択するということは、大学が戦略にもとづいて目標間に優先順位をつけることにほかならない。すなわち選択制によって、業績協定は大学の戦略を表現したものになり、かつまた戦略の実現に直結するものになる。一方、日本の中期目標では法律で盛りこむべき項目が指定されている（国立大学法人法第30条の2）。指定は教育研究、業務運営、財務などと大学の全業務領域にわたっており、その結果、中期目標は範囲がきわめて広い、網羅的なものとなっている。これでは、限りある資源をどこに優先的に投入するのかわからない。

以上、制度の細目に立ち入った、やや煩雑な説明になった。これを要するに、業績協定は中期目標・中期計画と比べて、はるかにゆるやかな作りになっており、大学の自主性と権限を尊重した内容になっているということである。

2　ゆるやかな目標管理

政府のグランドデザインとの連動

ドイツの業績協定のもう一つの特徴は、政府の高等教育政策との連動のあり方である。業績協定は各大学が個別に教育省と締結するものだが、その際、州が定めた高等教育のグランドデザインを下敷きとする。言いかえれば、そこに示された州の大枠目標が、業績協定を通じて各大学に伝達され、現場で実現されるという運びになっている。

もっとも、高等教育のグランドデザインといっても、これは州政府が一方的に定めるものではない。通例、州内の全大学と協議のうえで決定する。だから、全大学と一括締結した、いわば包括協定のようなものだといってよい。

では、グランドデザインと個別の業績協定は実際にどのように連動しているのか。これは、政府のコントロールと大学の自律という相矛盾しかねない二つの要請をどう折りあわせるかを考えるうえで一つの焦点となる。バイエルン州の事例で見てみよう。

同州では「大学イノベーション同盟４・０」というグランドデザインを定めている。この文書は、４年間（２０１９〜２２年）の計画期間中に州で追求する目標を10の領域に分けて提示したものである。全体で60頁近くもあり、それだけに内容は詳細かつ具体的である。

具体例を若干挙げてみる。たとえば教育領域での目標としては、全州的な卒業生アンケートの実施、リカレント教育の拡充などが見られる。目新しいところでは「デュアル教育」の促進がある。これは近年導入された、理工系のための学士レベルの教育プログラムで、大学での理論的学修と企業での実習を対等的に組みあわせたものである。

研究ではイノベーションに向けた積極姿勢が顕著である。たとえば、持続可能エネルギーと気候変動研究を州としての重点領域に定め、財政支援の用意がある旨を記す一方、大学がそれに呼応して研究を展開することを求めている。また、同州での医学研究は国際的に高水準だとして、いっそうの充実に予算措置を講じることを州は約している。一方、デジタル化では、「バイエルン・バーチャル大学」というオンライン教育サービスを拡充する一方、各大学にデジタル教育のためのセンターを設置するよう求めている。

グランドデザインは業績協定を拘束しない

では次に、グランドデザインと各大学との個別の業績協定がどう連動しているかを、両者の内容に即して見てみよう。規制色の強い日本の高等教育の「常識」からすれば、連動というと、グランドデザインが掲げる個々の目標をそのまま業績協定に落としこんでいるのだろうと想像したくなる。しかし、この想像ははずれている。

例として教育・研究の国際化を取りあげる。国際化はドイツの高等教育にとっても大きな課題であり、バイエルンのグランドデザインでも重点領域の一つに指定されている。グランドデザインであげられている具体的な目標は、たとえば、国外からの学生・教員の受け入れサービスの充実、授業内容の国際化、学生の外国語能力の涵養、国際的な人材競争への体制整備などである。

しかし、諸大学の業績協定はこれと大きく異なる。試みに、ミュンヘン、バイロイト、ローゼンハイムというバイエルン州内の3大学を見てみよう。この3大学は互いに対照的で、ミュンヘンは長い伝統と高い国際的評価をもつ国内屈指の研究大学、バイロイトは1975年創立という新興の大学で、比較的小規模ながら文理にわたる総合大学である。一方、ローゼンハイムは専門大学であり、研究よりも実学的教育に重点を置いている。

驚くのは、どの大学もグランドデザインの目標にとらわれず、自学の状況や戦略に沿って自由に国際化目標を設定している点である。ローゼンハイムは目標を教育領域だけに絞っているし、バイロイトはグランドデザインでの目標以外の、たとえば研究面での国際ネットワーク樹立などに比重を置いている。

ミュンヘンの協定には、そもそも国際化という独立した項目が存在しない。決して国際化を軽視しているためではない。同大学の主張によれば、国際化は教育・研究、その他の領域に横断的に関わるテーマだから、単体として取りあげず、諸領域のなかに溶けこませる戦略をとっているという。

つまり、国際化という共通の課題領域をどう扱うかについて、各大学の対応は実に多様である。それぞれが思い思いに独自色を打ち出している。ともかく、グランドデザインが提示する目標を諸大学が逐条的になぞるというふうにはまったくなっていない。その結果、同一州のなかでありながら、業績協定の内容は大学によって大きく異なる。

以上をまとめるなら、たしかに州としての高等教育上のビジョンは明確だし、グランドデザインとして具体的に提示されてもいる。しかしだからといって、それをもって大学の現場の教育・研究を強く拘束する仕組みにはなっていない。州のビジョンを自学でどう活かすかについて、大学側に大きな裁量が与えられているのである。

成果検証と応報の実態

業績協定は本来、目標管理のために構想されたものである。目標管理において鍵となるのは事後の成果検証である。この点、業績協定はどうだろうか。

あらためて確認しておくが、事後の成果検証とは、事前に約定された目標が期間の経過後、約定されたとおり達成されたかを確認することである。検証を受けて、その後何らかの応報が講じられる。すなわち、目標が約定どおり（あるいは約定以上に）達成されたと確認されたなら、相応の報奨が行われる。通例は、次期計画期間での予算増のことが多い。逆に未達となれば、罰則として次期の予算が減額される。

結論からいうと、ドイツの業績検証はこの点においてもきわめてゆるやかである。まず、成果検証は厳密には行われていない。というのも、ドイツの制度では厳密な検証は行いようがないからである。

先述のように、業績協定が掲げる目標のなかには質的な性格のものが少なくない。これらは成果検証にうまくなじまない。表現が幅広なのでチェックリスト的な検証にそぐわないし、そもそも達成したか否かが一義的に判定しづらい。好例はベルリン自由大学である。同校は、世界大学ランキングでつねに上位に名を連ねる有力研究大学である。

さて同校は、協定において「最良の研究」の実現を目標に掲げ、具体的な取り組みとして州内の諸大学・研究機関との提携強化、優秀な研究者の獲得、若手育成などを協定に列挙する。しかし、列挙するだけで、達否判断の材料になるような基準や指標は何もあげていない。これでは、「最良の研究」が実現したか否かはいかようにも判定できよう。

次に、応報もゆるやかである。たいていの業績協定は、いちおうは達成状況をふまえた応報を行う旨は記す。しかし、その内容はきわめて鷹揚なものにとどまるのが通例である。たとえば、多くの業績協定には検証の制度・手順への具体的な言及がない。普通なら、政府に対してどのような形式・手順で成果報告するか、何をもって達否判定の基準とするかなどを定めておくべきはずのところである。さらに業績協定のなかには、成果検証作業は政府と大学が共同で行うとか、さらには成績の芳しくない目標については、州と大学両者が今後の改善策を一緒に検討すると定めるものもある。検証する側とされる側が談合するのでは、大学に厳しい判定になりようがあるまい。

なぜ応報がここまで鷹揚なのかは明らかだろう。厳密な検証が行えない以上、厳密な応報など行いようがないからである。加えて、条項によっては、大学側の目標記述はあっても、それに見合う政府側の支援義務を定めていないものがあるが、この場合、そもそも応報のしようがない。これは契約の双務性という点から見れば欠点であろうが、統制という面からは大学には有利である。

以上を要していえば、タテマエはともかく実態として、ドイツの業績協定は「検証を厳密に行い、その結果を適確な応報に反映させる」という方式をとっていないのである。

NPM的統制ツールとしての理想と現実

以上、ドイツの業績協定を見てきた。目だつのは作りのゆるやかさである。協定自体の構成、グランドデザインとの連動、事後の成果検証や応報のどれをとっても、余裕をもたせた仕組みになっている。あるいはこう言ってもよいだろう。業績協定は大学が「何について」努力するかを記すだけであって、「いかに」かつ「どれほど」努力するかまで約束したものではないと。

これほどゆるやかな制度で、はたして大学の行動を十分左右しうるのかと、だれもが疑問に思うだろう。答えは否である。少なくとも、わが国で考えられているような統制は不可能である。筆者はかつて、中部ドイツのある有力総合大学を訪問したとき、企画・統制担当の学長室スタッフ（第2章で紹介した学術マネージャーの一人である）にこの質問をぶつけたことがあるが、その返答は明快であった。いわく、業績協定は大学を統制するものではないと。では、何のための業績協定なのか。それを考えるために、まずなぜ業績協定は統制に向いていないのかを見ておきたい。

理由は、高等教育において、厳密な目標管理は根本的に不可能だからである。NPMは元来、公共経営一般を対象に創案され、その後高等教育に適用された。つまり、病院や電車・バスで可能なことは大学でも可能なはず、と想定されたわけである。

しかし実際には、この想定には無理があった。高等教育は成果の産出の点で、他の公共サービスとははなはだ異なる性格をもつからである。これは第1章で四点に分けて論じたところと重なる。あらためて要約すると、①成果が数量的測定になじまない、②成果が多種多様で、そのための共通の測定尺度がない、③成果の現出が不確実もしくは時間的に不定である、④高等教育の成果だけを他から分離できない、という点である。そして、成果の厳密な測定ができない以上、NPMが想定するような厳格な目標管理は不可能である。

もっともこの問題は、ドイツで1990年代に大学改革が始動したころには、政府の側でも大学の現場でも、十分認識はされていなかったように思われる。この時期の高等教育関連の文献や資料を読むと、業績協定をNPM的な統制ツールとしてストレートに把握する見方が目だつ。したがって当初は、大学に対しても厳密な目標管理が可能だという想定の下で業績協定の導入が進んだようである。

ただ、実際に運用してみると、先に述べた目標管理の限界はやがて明らかになってくる。そこで、業績協定の機能は、もともとのNPM的統制から次第に変容していったと見られる。すなわち第一に、目標管理という基本的な骨格は残しながらも、運用をゆるやかにして大学の自律を尊重するものに変化した。第二に他方で、目標管理以外の目標に役だつ、幅広いコントロール・ツールとしての役割を果たすようになった。

この変容は意図的、計画的ではなく、試行錯誤的に進行したようである。つまり、業績協定を運用する大学や行政の現場で、業務の現実に合わせて手探りで漸次的に修正を加えたのである。

注目すべき「ゆるやかな目標管理」

変容の二つの側面のうち、運用面での緩和は、本章でこれまで述べたところで明らかであろう。では、付け加えられた新たな機能とは何か。それは、大学経営における戦略化の促進であり、政府との意思疎通の深化である。

戦略化に関してまず確認しておきたいのは、業績協定には締結にあたって必ず交渉という手順をふむ点である。大学は政府から一方的に目標を割り当てられるのではない。対等の立場で締結する契約なのだから、相手との間でまず話し合いがあるのは当然である。ここで大事なのは、交渉に臨むにあたって、当事者はそれぞれ事前に自らの立ち位置を定めておかなければならない点である。そうでないと、交渉で何を先方に要求するかが明確にならない。その際、政府側ではグランドデザインが立ち位置となる。問題は大学側である。大学として交渉に臨む以上は、学内の意思を一本化することが必要である。具体的には、学内各所からの要望を整理し、全学的観点から優先順位をつけることが求められる。業績協定は内容が選択的だから、なおさらである。総花的な協定なら全学部の要求を並べても格好がつくが、選択的な協定では絞り込みが不可避となる。

この作業の過程で、大学の戦略が自覚化されていく。いかなるビジョンからどんな目標を導きだし、その実現に何を要するかが次第に明瞭になってくる。こうして、大学は行為主体（アクター）としての性格を強める。すなわち、経営の戦略化が促されるわけである。

さて、大学と政府が交渉するということは、すなわち両者が意思疎通するということである。これは政府側にとっては、グランドデザインを大学の教育・研究により適切に反映させせるのに役だつし、また大学側の関心や懸念を知る機会となる。一方、大学側では、政府の意図や政策の方向性について理解を深めることができる。対話はこうして、政策当局と現場の間の信頼を築くのに役だつと考えられる。

加えて、意思疎通を深めることで、大学へのコントロールはより建設的なものになりうる。たとえば目標未達への対応である。事後の業績検証において未達が判明した場合、目標管理を機械的に運用するなら、すぐさま制裁発動という結論になろう。しかし、未達には種々の原因がある。もし、大学側の努力不足のせいではなく、協定で約定された投下資金額が少なすぎたのが真因だとしたら、正しい対応は制裁ではなく、資金の追加のはずである。

そのあたりを見きわめるには、大学との対話が必要である。先に、業績協定での応報の一つとして政府と大学が協議する事例を紹介したが、これは応報が甘いと見るよりも、建設的なコントロールを可能にする仕組みと捉えるべきだろう。

以上のように、業績協定による管理は、NPM的な意味での厳格な統制に代えて、より幅広い観点から大学をコントロールするものとなっている。本書ではこれを「ゆるやかな目標管理」とよびたい。

この目標管理では、現場が追求すべき業務目標を明示はするが、しかし事後の成果検証と応報による業績刺激というメカニズムには重きを置かない。むしろ、目標を選択的に設定することによって、大学の経営に方向性を与えるのが主目的である。同時に、経営戦略化や意思疎通などの付随的な効用を重視する。この幅広さにこそ、ドイツの高等教育研究者インデアスミッテンらが指摘するように、規制緩和後の大学コントロール手段として「業績協定は唯一無二」だと位置づけられる理由があると考えられる（In der Smitten/Jaeger 2012: 76）。

日本の対応は主要国と正反対

高等教育では厳密な成果測定が不可能だという事情は、どの国でも同じである。だから、「ゆるやかな目標管理」はドイツ以外にも見られる。先に紹介したフランスでの業績協定制度も目標管理色は薄い。期間終了後に達否の検証はあるが、しかし成果連動はさほど厳密でない。カナダ、デンマーク、アイルランドでも、業績協定は主として意思疎通の目的で用いられているようである。

さて、成果検証の困難さはもちろん日本も例外ではない。では、日本はこれにどんな対応をとったのか。読者には、本書のこれまでの論述からおおよそは想像がつこう。わが国の対応は、他の主要国とは正反対に目標管理を徹底するというものであった。すなわち、期待したような厳密な成果測定が不可能だと判明したとき、運用をゆるやかにするのではなく、対象を設定しなおすことで何としても測定可能性を確保しようとしたのである。またそれと関連して、管理の焦点を目標からより下の次元へとずらす措置をとった（図3―1）。
これはすでに第3期中期目標期間（2016～21年）に明らかである。同期間の諸大学の中期目標を見ると、抽象的な文言で表現しているケースが少なくない。なかには、ほとんどキーワードを記すだけ、というようなものもある。その代わり、本来は目標達成の取り組みにすぎないはずの中期計画を具体的に記述し、あるいはできるかぎり数値を用いて可測性を高めるようになっている。つまり、管理の焦点が中期目標から一段下の中期計画へと設定しなおされた恰好になっている。これに対応して、事後の法人評価でも、中期目標ではなく、中期計画の達否が評価判定全体の基礎になった。

図3－1　日独の目標管理の構造

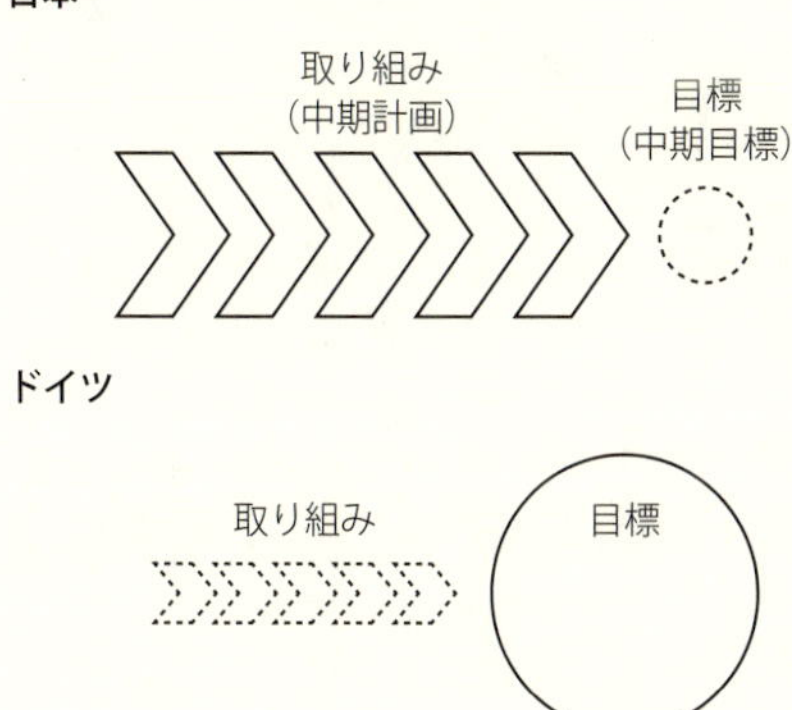

この傾向は、第4期でさらに強まっている。というのは、中期計画の取り組み内容にはKPIなどの評価指標を付すことが義務化されたからである。これによって、可測化がさらに進んだ一方、管理の焦点は中期計画から、さらにもう一つ下のレベルの評価指標に降りたといえる。

たしかに日本のこの選択には、予算との関わり方がドイツと異なるという背景事情はある。業績協定も、タテマエとしては達否に応じた予算的な応報をうたうから、広い意味で成果連動的である。その点、日本で中期目標の達否が法人評価を通じて最終的には運営費交付金に反映されるのと趣旨は同じである。

しかし、わが国の場合は、運営費交付金の一部が「法人運営活性化支援」経費として別置され、それを諸大学が競いあうという仕組みになっている。この経費の配分法には不明な部分が多いものの、大学間競争を前提とする以上は、各大学の業績を厳密に測定・比較することが必要となる。一方、業績協定では、応報はその大学の次期予算に反映される。予算はその大学との個別交渉で決まるから、他大学との比較は勘案する必要もなく、したがってさほど厳密である必要はない。

ただいずれにしても、測れないものを無理に測ろうとすることには変わりない。当然こぼれ落ちる部分が出てくるし、あるいはまた種々のきしみや歪みも生じる。それについては、第1章で詳しく述べたとおりである。

法人化でかえって進んだ統制

だが、ここにはそれ以上に重大な問題が潜んでいる。というのは、以上のような目標管理の徹底を強行するなら、皮肉なことにかえって目標管理の空洞化を招きかねないからである。目標管理は本来、「終わりよければすべてよし」という事後チェックの考えに立って、現場の大学の裁量を確保するのがねらいである。ところが、より高い可測性を求めて手段としての取り組みのほうを重視するなら、それは「終わり」よりも「途中」の重視になる。管理の焦点が、事前に決定された取り組みが順調に進捗しているかをチェックするものになれば、これは単なる執行管理であり、もはや目標管理ではない。そうなれば、大学は経営的な自律性をもたず、定められた取り組みをただ忠実に執行するだけの存在となる。

大学関係者の間では、法人化によって政府からの規制はかえって強まったという声は多い。たとえば、朝日新聞が全国立大学長を対象に行ったアンケート調査によると、法人化以降、「政府の意向が（どちらかといえば）強まった」という見方は回答者の81パーセントを占める一方、「弱まった」と感じる者は1パーセントしかいない（朝日新聞、2024年4月19日）。法人化が元来、規制緩和を旨とすることを考えれば、これはきわめて奇妙な受けとめ方である。しかし、今述べた執行管理への傾きを考えれば、無理のないところといえよう。

目標管理は、NPM的改革としての法人化の根幹である。とすれば、昨今の中期目標・中期計画の厳密化は法人化を否定するに等しいものである。先に述べたとおり、財務面や学務面でも、近年は国家規制が再び強化される傾向が見られる。わが国の大学改革がいったいどのようなグランドデザインにもとづいているのか、あらためて疑問に思わざるをえない。

3 ドイツの大学における本部と学部の関係

「統制された自律」という原則

「ゆるやかな目標管理」のツールとしての業績協定は、ドイツでは政府・大学間だけでなく学内においても用いられる。中央によるコントロールと現場の自律性の間合いをうまくとることは、政府・大学間でとまったく同様に、学内の本部・学部間関係でも必要である。経営管理化が不可避だからといって、ただ学内を上意下達的に引きしめるのでは、現場の活力をかえってそぎかねない。そのための手段として業績協定が用いられるのである。(以下、これを学内業績協定とよんで、今まで述べてきた政府・大学間の対外業績協定と区別する)。

ドイツでは、大学本部と学部の間の関係はもともとゆるやかであり、学部の独立性が強かった。教授自治の体制の下で各学部の教授会が大きな発言力をもっており、それぞれの専門分野の事情にもとづいて独自に意思を決定していた。本部のほうでも学部に干渉する特段の理由はなかった。

1990年代に大学改革が動きだすと、本部・学部間関係にも変化が生じた。全学の一体化に向けた経営管理の強化で、学部への統制を強める必要が生じたのである。注意したいのは、これを政府・大学間関係と対比するなら、流れが正反対の方向だった点である。政府・大学間関係では、大学改革は、それまで強固だった国家規制を緩和する契機となった。これに対して本部・学部間関係では、改革を経て統制は強化された。もともと統制がゼロだったところに、新たに全学的一体性がもちこまれたからである。

学内業績協定が用いられるにいたった状況は、たとえばゲッティンゲン大学などに見てとれる。ニーダーザクセン州にあるこの大学は、詩人のハイネや物理学者のハイゼンベルクなど著名人を輩出した伝統校である。さて同大学では2000年ころ、学内の意思決定構造を根本から整備する必要に迫られた。州政府からの基盤交付金が一括交付制に変更されることになったためである。それまでは、予算は政府からあらかじめ項目に分けて交付されていたから、学内での配分先も初めから決まっていた。しかし今や、大学自らが学内で資源をどう配分するかを考えなければならなくなった。

一個の経営体としての行動が大学により期待されるようになった以上、トップの主導性を強化するのは当然の措置であった。したがって問題は、それをふまえて学部との関係をどう築くかにあった。単純なトップダウン方式は大学にはそぐわない。大事なことは、全学的なコントロールのかたわら、学部の自律性をいかに活かすかである。

出された答えは、「統制された自律」の原則による分権制であった。その具体策が学内業績協定の導入である。2000年以降、本部と学部の間で追求すべき教育・研究上の目標について協議を行い、協定として書面化することになった。加えて、経営能力を高めるために、戦略や改革策の策定を担当するポストを学部に設け、これを本部が支援した。

ゲッティンゲンのような分権的な学内統治は今日、多くの大学で実践されていると見られる。それを示唆しているのが学内業績協定の普及である。22年の調査によれば、被調査大学のうち、56・2パーセントがこれを「過去に用いた」「現在用いている」もしくは「将来用いる予定だ」と回答している（Ziegele/Riefler 2022: 12）。対外業績協定に比べて普及度が低いが、学内業績協定には事前の交渉などの手間暇がかかることを考えると、これでもかなりの広まりだといえよう。実際、学長を対象に行った調査によると、彼らは学内統率のツールとして学内業績協定を重視していることがわかる（Püttmann 2013: 29）。

分権的な学内統治体制

分権的な学内統治では、本部・学部間のコントロールの仕組みは政府・大学間関係と相似している。たとえば、多くの大学では学内予算制度に、第1章で説明した「三本柱モデル」を使っている。つまり①経常的な教育・研究活動のための基礎経費、②過去の業務成果を反映させた成果連動部分、③将来企画のための経費という三つで予算を算定するモデルである。算定方式も同じである。①基礎経費は増分主義にもとづき、②過去の業務成果では数値指標による。そして、③将来企画に関しては学内業績協定を用いるのである。学内業績協定の基本的な仕組みは対外業績協定と変わらない。すなわち、学部と本部が複数年の計画期間中の目標と義務について協議し、合意を契約として書面化する。

分権的な統治体制がどう運用されているのかを、ルール地方の総合大学デュースブルク・エッセン大学を例に見てみよう。まず各学部は今後4年間を展望した将来計画を策定することになっている。盛りこまれるのはたとえば、学位プログラムの数と内容、学生数、重点的研究領域、リカレント教育など、今後の教育・研究での重要事項である。あわせて、財務面からの裏うちとして財務計画も策定する。

この二つの計画ができたら、学部は本部との間で協議を行う。全学の戦略と同調させるためである。本部の了承が得られれば、将来・財務計画は正式なものとなる。同時にこれは、本部が全学の戦略を策定する際の材料となる。この将来・財務計画をもとに学部は本部と毎年協議を行い、学内業績協定を締結する。協定に沿って将来企画に関する予算も決定される。

学部は相当の裁量を認められている。予算は原則として一括交付され、実際の執行は学部任せである。項目間での融通や次年度への繰り越し、また留保金の蓄積も学部の一存で決定できる。人事でも学部の権限は大きい。学部内の人員計画はその学部の決定事項である。このような分権的な学内制度はベルリン自由大学でも見られる。

注意したいのは、分権的な学内統治体制では、学部は独自の戦略と裁量をもつ、相対的に独立した経営的単位となっている点である。学部は決して、本部の指示にしたがって全学的戦略の実行を課せられる「下請け」ではない。だから学内の意思決定は、本部の主導という「下向き」のベクトルと部局の意思という「上向き」のベクトルとが交差するなかで進められる。その交差において、「大学の戦略的な発展と学内の企画・意思疎通過程の調整のためのツール」としての業績協定が大きな役割を果たすと、ドイツの高等教育研究者イェーガーは見ている（Jaeger 2006: 56）。

4　自己規律が働くドイツの大学

事後の積極的な業績開示

以上見てきたように、大学に対するコントロールのあり方は、わが国とドイツとではかなり異なる。わが国ではKPIを使って大学への統制を強める傾向が顕著だが、ドイツではそれとは違って大学は広範な自由を享受しているように見える。

だが、ゆるやか一辺倒ではコントロールにならない。自由と裁量が放恣と乱脈に堕さないためには、何らかの歯止めが必要である。しかしだからといって、外から規制をかけるのは適当ではない。教育・研究の事情に不案内な部外者による規制では、実情にそぐわない監視や統制になる懸念がある。また、他律的な規制は、学問の自由への侵害につながりかねない。自由と規制のディレンマを解決する手立ては唯一、自己規律である。広範な自由を承認される代わり、自ら定めた規律を自発的に引き受けることは、専門職集団にとって適したコントロールのあり方といえる。好例は弁護士自治である。弁護士は国家資格だが、懲戒など弁護士の身分に関わる処分権限は弁護士会に与えられている。ドイツの大学コントロールを見る際にも、自己規律の側面を見逃してはなるまい。

たとえば数値指標である。本書ではここまで、ドイツでは大学に対する数値指標の適用が限定的で簡素だと説いてきた。ただそれはあくまでも、目標の策定という事前の局面にかぎっての話である。実は、事後の業績開示の局面ではかなり様子が異なる。

先にも挙げたマックス・プランク協会の場合を見てみよう。同協会のような公的研究機関は業績協定にもとづいて毎年、業績評価を受ける義務があり、そのため事業報告書が毎年公表される。さて、同協会の報告書を見ると、事前の業績協定の簡素さとはずいぶん趣が異なっていて驚かされる。

まず詳細である。報告書自体、100頁弱という大部なものである。しかも、表やグラフを多く載せ、数値をあげながら業績を記述している。加えて具体的である。業績協定では、目標はたしかに質的で抽象的であった（たとえば「社会に研究人材を供給する」）。一方、事業報告書では、同協会はこの目標をいかなる取り組みに具体化し（「若手研究者の就職支援のためにオンラインのマッチング・プラットフォームを設置した」）、そして実際にどんな成果をあげたか（「○○件の就職を実現した」）を詳しく説明している（MPG 2023）。

研究機関だけではなく、大学も事後の業績開示には多大の努力を払っている。たとえば、総合大学のハノーファー大学では毎年、70頁ほどのデータ集を刊行している。そこでは、教育・研究から人員、財務、設備にいたる諸活動の成果が種々の表やグラフで説明されている。データ集の内容はずいぶん踏みこんだもので、なかには学内外の成果連動予算額の学部別比較などもある。つまり、博士号件数や留学生受け入れなどの指標について、どの学部がいかほど助成金を獲得したかを一覧化したものである。いってみれば、学内の諸学部を成績順にランキングしたに等しい（Universität Hannover 2021）。

これほど詳細な報告書を毎年とりまとめるのは相当な作業である。つまり、大学はそれだけ事後の業績開示には努力をはらっているといえる。先に、業績協定は大学が「何について」努力するかだけを述べるものだと記した。しかし、決して述べっぱなしなのではない。

以上のごとく、大学は事後の業績開示において、「いかに」や「どれほど」についても計数的なデータを多用して、実に詳しいフォローアップを行っている。

業績開示を事後にどのような構成と深度で行うかは、事前の業績協定には定められてはいない。それは大学自らの判断である。目標達成への努力を約束した以上は、その努力の内容と結果を公表するのは道徳的義務だとする自己規律といえよう。

ドイツの大学に漂う規律の空気

こうした自己規律は、筆者などにも個人的に感じられたことがある。筆者は若いころからドイツ史という専門を通して、ドイツの大学や学界をいわば脇から眺めてきた。後になって研究テーマを日独交流史に広げてからは、欧米の日本学研究者と交流する機会が増えた。外からドイツを研究する自分と、外から日本研究を行う先方はまさしく対蹠的な位置にある。いきおい、彼我の間の共通点や相違に思いをいたすことが多かった。また大学在職時に、国際交流の一環としてドイツやオランダの大学との間の連携プロジェクトに深く携わった。接する相手はやはり人文系の研究者が多かった。

そんななかで、ドイツの大学はずいぶん厳格なのだなと感じたことが一再ならずある。細かい例だが、たとえば学期中の海外出張である。筆者の大学では当時、できるだけ授業に障らないように努めるものの、結構自由であった。しかし、ドイツ側の友人の話では、出張期間等でかなり制限があるうえ、その都度学部長の承認が要るとのことであった。

授業負担についても厳しい。教員は学期あたり何時間以上、授業を担当しなければならないかが決まっている（ただし、これは州法にも規定されており、純然たる大学のイニシアティブではない）。たとえばベルリン州では教授の場合、6・75時間を下回ってはならない。日本では、私立大学はともかく、国立大学であまりその種の話を聞いたことがない。

学位プログラムを新設する際の苦労話を聞かされたことがある。学位プログラムとは、日本の大学に引きつけていえば、学部や学科の下にある「○○専攻」や「○○履修コース」に近いものである。さて新設にあたっては、想定される学生数、プログラム内の科目構成、担当教員の顔ぶれ、教室の収容力などを事前に詳しくシミュレーション（「教育容量計算」）するという。ずいぶん徹底しているとちょっと驚いたが、加えて近隣の大学に類似の学位プログラムがないかまで、いわば市場調査もするとのことであった。

筆者の経験では、日本の国立大学での改組はもっと場当たり的であった。講座の新設にあたっては、教育目標をまず定め、それに沿って課程を設計するのが本来であろうが、そうした手順がとられたのを見た記憶がない。新規の科目開発もせず、今ある授業を流用するだけというケースもあった。それでいて、新設講座の名称だけは今日風の聞こえのよいものをつけたりするものだから、看板と中味がちぐはぐである。

プログラムを新設するときも厳密だが、終了するときも厳格である。これはドイツではなく、フローニンゲン大学（オランダ）の日本学研究者から聞いた話なのだが、同大学では学位プログラムの退場ルールが決まっている。一定年数の間、在籍学生数が所定水準を下回りつづけると、そのプログラムは自動的に廃止になるという。関係教員からの反発はないのかと訊ねると、ルールとして確立しているから、今さらもめたりはしないとのことだった。それに、改善策を講じる時間的猶予は与えられているのに問題を放置したのだから当然の措置だと、あっさりした答えであった。

筆者は大学在職時に、学生が少ないからという理由で講座や専攻が廃止になったというケースを身近で見た記憶がない。数ある専攻のなかには、年度によって新入生ゼロというようなところがある。それが度重なると、たしかに学部内で若干の議論にはなる。だが最終的には、その学問分野の貴重な伝統を絶やすべきでないとかの理由で、存続となるのが常だった。

「アンケート疲れ」するドイツの学生

授業アンケートにしてもそうである。今日ではわが国のほとんどの大学で実施しているが、これを苦々しく感じる大学人は少なくない。筆者はかつてある同僚から、ドイツでは定めし様子が違うのだろうと訊ねられたことがある。この同僚によれば、学生の感想を調査するなど、アメリカ発の高等教育の商業化の表れである。一方、ドイツは教授個人の教育の自由を憲法で保障するお国柄だ。だから、商業主義の「汚染」を免れているに相違あるまい、と。

実際には、ドイツも「汚染」ぶりは変わらない。むしろ、日本を上回るかもしれない。多くの大学は進んでアンケートによる教育評価を実施している。アンケートは通例、何種類もあって、科目ごとのもの、学位プログラムごとのもの、全学的なもの、修了生向けのものなどに分かれている。内容も結構徹底していて、たとえばハイデルベルク大学の学位プログラム・アンケートなど、6頁もの長さである。あまりの頻繁さに、学生の間では「アンケート疲れ」すら見られるという。ハイデルベルクといえば、14世紀創立という長い伝統をもつ、いわばドイツ風アカデミズムの体現者である。そのような大学でも今日、教育評価にかなりの精力をそそいでいるわけである。なお、ついでにいえば、個別大学を超えた、全国レベルのアンケートも最近導入された。

ドイツでは、教授の学生指導負担が大きい。教授数が相対的に少ないためである。教授一人あたりの学生数は、2014／15年度で全国平均で59・0人にのぼる（ただし、非常勤教員まで含めた全教員では7・1人である）(Hüther/Krücken 2018: loc. 1925)。こうなると、教授のなかには手抜きの誘惑に駆られる者がいてもおかしくはない。

だが、それをチェックする制度的手立ては、アンケートを別にすれば、とくに設けられていない。この点をある高等教育研究者に訊ねたところ、「教授としての矜持が歯止めだ」との答えであった。ここで、日独の大学教員の専門職としての矜持の有無を論じようというつもりはない。ただ、個人の矜持に歯止めを見るところに、ドイツの大学の雰囲気が表れているようで印象深かったのである。

以上は、おりおりに筆者個人が偶然経験したエピソードにすぎない。それでも、日本とは少々異なる空気を感じとれそうである。しかし、単なる空気だけでなく、制度面にもドイツの大学の自己規律は見てとれる。

大学認証に見る自己規律

好例は大学認証（アクレディテーション）である。ここで大学認証についてあらためて確認しておくと、これは大学の提供する教育が最低限水準をクリアしているかをチェックする仕組みである。多くの国で教育の質の保証は、大学改革前は教育省が事前規制を通じて行っていた。これに対して今日では、事後チェックとして大学認証を導入しているところが多い。わが国では機関別認証評価がこれにあたる。

大学認証では通例、外部認証の方式がとられる（図３―２）。つまり、質保証機関が外部

図3－2　外部認証の仕組み

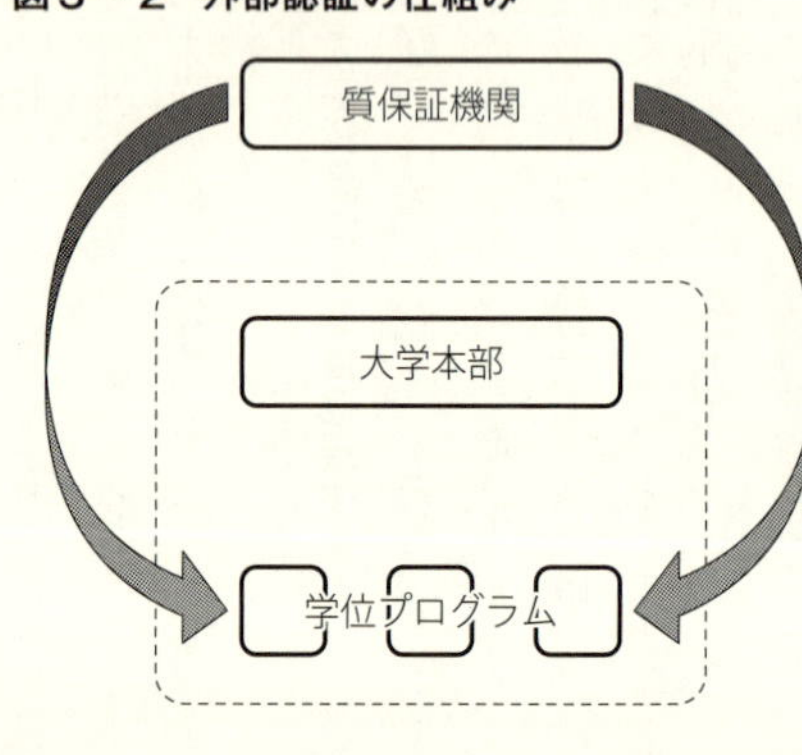

の第三者として大学に対して審査を行い、合格すれば認証を交付するという方式である。わが国では、大学改革支援・学位授与機構などがこれら外部の質保証機関にあたる。

一方、ドイツの制度は独特である。自己認証という方式を採用しているのである（図3—3）。これは、大学自らが自学の学位プログラムの質を審査するものである。そして、所定の水準を満たしていると判定すれば、大学がそのプログラムに認証合格証を交付する（ただし、これと並んで従来タイプの、質保証機関が直接にプログラムを審査する外部認証も存在する）。

自己認証は、チェックされる側が自らをチェックする仕組みだから当然、馴れあいになる懸念がある。そのため、厳格な手続きが定められている。たとえば、ハイデルベルク大学では、独立色の濃い審査部門を学内に設ける一方、学長室の直下に質保証のための専門家チームを置いて、自己認証の業務を進める体制をとっている。認証の進め方も学内でありながら、外部認証とほとんど変わらない。つまり、書面審査、訪問調査などを経て、最終的な判定に達するという手順をふむ。

認証である以上は、不合格が出る可能性は含んでおかなければならない。しかも不合格の場合、学位プログラムの廃止も対処の選択肢として浮上するから、重大な問題である。これに関しても、ハイデルベルク大学の規定では、プログラム廃止が公正に行われるよう、入念な手順を定めている。

以上の自己認証を、学内の学位プログラムは、学士レベルであれ修士レベルであれ、すべて数年に一度は必ず受けなければならない。ハイデルベルクほどの大学になると、学内に百を超える学位プログラムがあるから、なかなか大変な仕事である。

図3－3　自己認証の仕組み

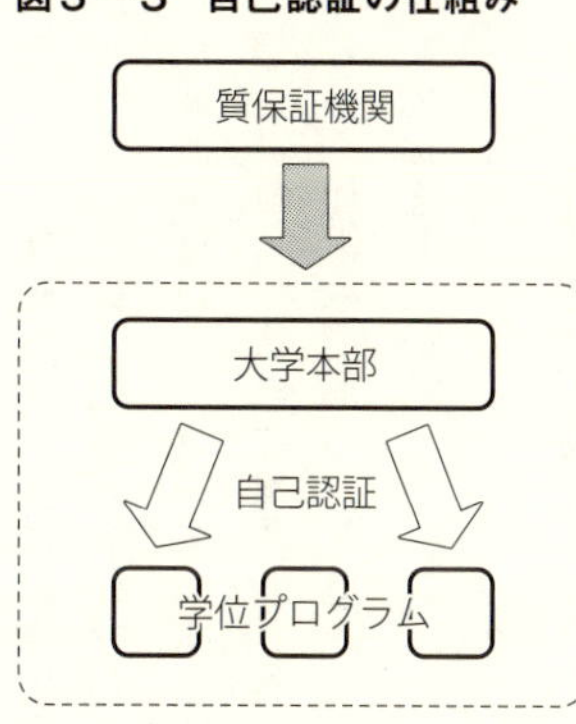

もっとも、いかに厳格に学内手続きを定めるにせよ、ほんとうにお手盛りに堕していないか外の目でチェックすることはやはり必要である。そのために、大学の自己認証制度を外部の質保証機関が審査・認証する、システム認証とよばれる制度がある。

念のために確認するが、システム認証では、審査対象は大学の学位プログラムそのものではない。大学の自己認証の仕組みがきちんと作動しているかが審査の焦点である。その仕組みが十分に厳密で公正であると判定された大学だけが、自己認証の権限を与えられる。今日、主要大学を中心に、多くの大学が自己認証権をもっている。ついでながら、自己認証制度はドイツ以外でも台湾やオーストラリアなどでも採用されている

自己認証は、大学に審査を代行させ、それによって間接的にその大学の教育の質を担保するという仕組みである。したがって、大学が責任ある行動をとること、言いかえれば自己規律を前提としている。

教授任用の驚くべき厳格さ

人事のあり方も自己規律との関連で興味深い。大学にとって人材の質は生命である。いくら研究設備が最新鋭であっても、優秀な研究者がいなければ宝のもち腐れである。だから、どの大学も優れた研究者を教授に獲得すべく、人事には最大の努力をはらう。

大学の人事は外部からは見えにくい面がある。人選の条件はポストごとに異なるし、さらに教育・研究の内容は専門的だから、最善の人材が教授に選ばれたのかどうかは外からは判断しにくい。そこで、外部の目が届きにくいのをよいことに、仲間うちの馴れあいに流れる危険が生じる。馴れあいを排し、質を最優先した人事選考をいかにして可能にするか。そこでも鍵になるのは自己規律である。

ドイツではこの点、古くから手立てが講じられてきた。有名なものは内部任用の禁止である。これは、教授任用は必ず外部からに限るという原則であり、たとえばその大学にすでに助手として在籍する者は、いかに優れていても教授候補にはなれない。内部任用禁止は法律にも規定があり、自己規律とばかりはいえないが、慣行として確立している。

ドイツの教授任用の手続きはかなり厳格で入念である。大学等で聴取したところをまとめると、おおよそ以下の手順である。なお、これは通常の任期なし雇用の教授職についての手順であり、任期付きの助教授の任用法はこれと異なる。

まず人事が始まるにあたって、そのポストがひきつづき当該学部に与えられるか、さらにそのポストで行われるべき教育・研究活動に変更はないかなどについて、参事会の承認が必要である。言いかえれば、現任者が辞めたからすぐ空きを埋める、とはならない。

参事会でゴーサインが出て人事開始となるが、それからが結構長い。任用手順が完了するまで最短でも1年半はかかる。加えて、後で述べるように、選考の過程では学内の他部署から種々のチェックが入る。もし、何らかの疑義が出され、その結果手順を繰りかえすことになれば、その分選考は長びく。2年、3年とかかることは珍しくない。

正式な手順が始まる前に準備的な作業を行うこともある。たとえばマックス・プランク協会は、専従のスカウト担当職員を使って、退職予定の教授ポストの候補者を数年前から国際的に物色する体制をとっている。

さて、選考の主体となるのは、その都度組織される人事委員会である。その規模は総勢10人ほどで、主体となるのは関係する専門分野の教授である。それ以外に学部長、全学の参事会からの代表、学内の共同参画推進部門の代表なども加わる。また、必ず学外からも1、2名のメンバーを選ぶ。委員会の規模が大きい一因は、人事は必ず国際公募によるためである。有名大学では国内外からかなりの数の応募があるので、選考を進めるうえで人手がいる。

選考方式は多面的である。まず、委員会で応募者の提出した書類や研究業績などを審査する。そのうえで、候補を有望な数人に絞りこみ、本選考に移る。本選考では、有望候補者は人事委員会の面接を受けるとともに、学内に対して広く自らをアピールする。すなわち、公開の場で教育・研究についての抱負を開陳し、講演によって自らの研究を紹介して聴衆からの質疑に答える。また、学生相手に模擬授業をも行う。これと並行して、人事委員会は外部の専門家に有望候補者についての所見を求める。

以上の手順を経て、委員会は選考結果として最終候補者リストを作成する。最良と見る候補者を3人程度、推薦順位をつけて挙げたものである。リストは学部の教授会、さらに参事会へと回付される。それぞれの場で選考経過の是非が検討され、候補者の良否が審議される。多方面からの多重のチェックが入るわけである。そして最終的な判断を下すのは学長である。

学長は最終リストから、自らが最適と考える候補者を選ぶ。その際、人事委員会の推薦順位は勘案しなくてよい。さらに場合によっては、どの候補者も学長の眼鏡にかなわないことがある。その場合、人事は振り出しに戻る。

選考の手続きはこれで終了するが、ついでに述べておくと、任用が確定するまでにはもう一幕ある。選ばれた候補者との間で大学は任用交渉に入る。俸給や手当、さらには研究室の予算・設備、秘書の数などが折衝の的である。もし、候補者が大学の提示する条件に納得できなければ、この任用話は流れる。人事は振り出しである。

図３－４　ドイツの大学教員の構成

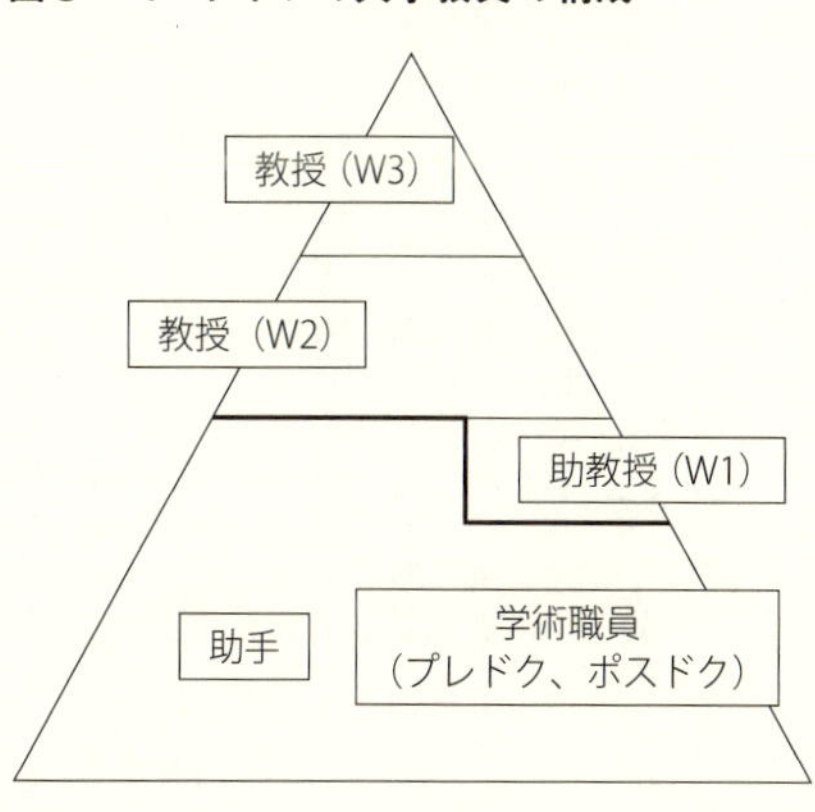

以上が、教授の新規任用の際の手順である。なお、ドイツの大学教授職には職掌や俸給で区別のあるW２とW３という二つの格がある（図３―４）が、W２からW３への昇任についても内部任用禁止に近い、かなり強い制限がある。

これほど周到な手順をふめば、たしかに内輪の馴れあいの働く余地は小さかろうと納得させられる。他方、たいへんな時間と労力を要するのも事実で、ドイツの大学の友人も負担の大きさをこぼしていた。だが、だからといって選考手続きを簡略化すべきだという声はないらしい。人事の手間暇を惜しまないという自己規律が結局は大学の将来を担保するという認識が、関係者の間で浸透しているのである。

わが国の教授任用の実態

さて、わが国の国立大学の場合、かつてはよく閉鎖的な人事による学閥の弊が指摘された。その後、改善が進んだのは事実である。それでも人事選考がドイツほど厳格かどうか、筆者には少なからず疑問である。

むろん、筆者は国立大学全般の状況を把握しているわけではない。人事の慣行は専門分野、大学や学部によって実にさまざまで、表向きの手順・手続きはともかく、実態はインサイダーにならないとわからない。その点、筆者の経験はきわめて限られている。とはいえ、10も20もの職場に勤めるのはだれにとっても無理な話だから、人文系での個人的経験をもとに、という但し書き付きで、筆者の見解を述べても許されよう。

筆者が大学を離れて以降、変化もあろうが、少なくとも当時は万事ゆるやかであった。まず人事はほとんど「補充人事」で、現任者が定年等で退職した後の「空きを埋める」ものであった。逆にいえば、ポストの存在自体は自明視されていて、ポストの配置や教育・研究の内容を見直すという話はほとんど聞かれなかった。

そのせいか、人文系では学科や専攻の新陳代謝が比較的鈍い。たとえば、各地の大学の文学部には、戦前以来の仏文、独文の学科を抱えるところが見られる。一方、たとえば東南アジア諸国やアラブ圏の文学を学ぶ学科や専攻を置いているところはきわめて少ない。

手順は何につけ、簡素であった。選考は通例、学年初に始まって、秋には実質的には終了していた。人事委員会は３名程度と小規模であった。当時すでに人事はすべて公募による決まりだったが、ただ委員会が選んだ最終候補者は不思議に内部の者が多かった。つまり、教授が定年退職した後の人事で、そこの准教授が最終候補者となっているケースである。人事委員会の選考結果は、学部の教授会からさらに大学本部へと回されて承認を受けるが、筆者は寡聞にして、その過程で委員会の結論が却下されたという話は聞いたことがない。

人事をめぐって学部内で波風が立つのは避けたいと思うのは人情である。だが、そうした内輪の論理を優先させれば、長期にわたるツケとなりかねない。いったん採用された教授は、通例定年まで在職するからである。

ドイツの大学が人事を厳格かつ入念に行うのは、優秀な人材を確保したいためである。逆に、人事をゆるやかにすれば当然、人材の質に響くだろう。さて、日本の大学はどうだろうか。

日独の研究者の格差

筆者はすでに述べたような研究歴から、日本とドイツなどヨーロッパの人文系の教授の仕事ぶりについて、それなりに承知していると自負している。残念ながら、大学教授の質に関する彼我の格差には無視できないものがあると言わざるをえない。

たとえば研究業績を見ればよい。ドイツでは——若いころの留学時代にミュンヘン大学の恩師から聞かされた話だが——有力大学の教授に招聘されるには、最低でも3冊の著書が要る。まず、研究者としての出発点である博士論文である。次が教授資格論文である。これは、研究者としての幅を広げるため、博士論文とは異なるテーマで書くことになっている。双方ともそれぞれ数百頁程度の専門書である。そして3冊目が、いくぶん巨視的なテーマを扱った著書である。

一方、わが国の人文系の教授の間では、まとまった著書を全然もたない者もそう珍しくはない。さらに加えて、筆者の在職時には博士学位をもたない教授すら結構見られた。ずいぶん以前には、人文系では博士号は教授として功成り名遂げた後にとるものという慣行があったが、筆者世代ではすでに学術研究の入口資格になっている。だから、ずいぶん面妖な話である。それに大学としての人事方針も問われよう。博士号のない教授を任用するという人事には、ドイツならまちがいなく参事会なり学長なりから制止が入る。

もっとも、若干注意しておきたいのは、ドイツでは日本と違って、大学の教員構成がきわめてピラミッド的だという点である。先にもふれたが、教授の数は少なく、助教授を合わせても全大学教員の12パーセントにしかならない（Hüther/Krücken 2018: loc. 1966）。大多数をなすのは、「学術職員」とよばれる非教授身分の教員（任期付き雇用の、いわゆるプレドクやポスドク）で、その他助手などがいる。一方、わが国の国立大学では教授と准教授を合わせた比率は60・1パーセントである（文科省 2024）。したがって、教授という肩書きだけで日独を単純に比べることはできない面はある。

ともかくも、これほど格差があれば、たとえばドイツの大学と国際交流をするといってもうまく進まない。研究者として対等な付き合いが不可能だからである。加えて、言語面の格差もある。ドイツにかぎらずヨーロッパ諸国では、研究者なら普通、英語による意思疎通ができる。日本学研究者の場合、ほとんどの者がこれに加えて日本語を流暢に操る。残念ながら、同じことは日本側の人文系研究者には必ずしもあてはまらない。

もっとも、日本文学や日本史などを中心に、これに反駁して英語不要論を唱える向きもあるかもしれない。日本研究のリンガフランカは日本語なのだから、国際的な舞台でも英語など必要ないというのである。これは危うい議論である。筆者の見るところ、欧米の日本学研究者にとって、日本語はいわばフィールドワークのツールにすぎない。文献や資料を読み、現地調査するのに日本語は必要である。だが、論文発表や学会報告などアカデミックな活動となると、用いられるのは英語である。英語不要論に安住していると、日本研究の国際的な言論空間から排除されたままになりかねない。

あるいはまた、ドイツとは違って日本では、教授は雑務に追われて研究時間がないから、という声があがってきそうである。しかし、大学人の職務で管理業務が増える傾向にあるのはドイツとて事情は同じである。「教授の仕事が教育・研究だったのは昔の話、今は教育・研究マネジメントが仕事」という自嘲の声があるやに聞く。さらに加えて、ドイツの大学での教育負担は国際的に見て高いという定評がある。というわけで、ドイツの大学教授が勤務時間のうち研究にさけるのは20・8パーセントにすぎない。助教授でも26・2パーセントにとどまる（Fabian et al. 2024: 14）。ちなみに、わが国の大学教員は32・9パーセントを研究にさいている（文科省 2023: 15）。

昨今、わが国の研究力凋落について議論が盛んだが、研究者の質における格差も勘案する必要がありそうである。理系では国際的通用性が高いだけに事情は異なろうが、人文系などについては看過できまいと考える。

自己規律をどう保証するか

「ゆるやかな目標管理」は自己規律とセットになって機能する。そうでないと、ゆるやかさはそのまま放逸に堕す。もし「大学は自治を口実に好き勝手をしている」と外から見られるようなことがあれば、大学は社会からの支持を失ってしまう。

しかし、自己規律は所詮、自己規律である。規律が十分守られているかどうかは保証の限りでない。たとえば、大学が業績協定をフォローアップしているといっても、単に事後に業績を開示しているというだけでは不足である。開示された情報が質量ともに十分かつ適正な開示となっているか、逆におざなりのアリバイ的なものでお茶を濁していないかまでは保証されない。だからといって、自己規律が守られているかを見るために外から厳重なチェックをかけるのでは、これはもはや自己規律ではない。

自発性を損なわないよう、しかしそれでいて自己規律が遵守されているよう担保する仕組みが必要である。それはどうすれば可能だろうか。次章でそれを考えてみたい。

第4章　多元的な評価軸の大学間競争を

1　大学コントロールの理論的整理

「クラークの三角形」による類型

本章ではまず、大学へのコントロールについて、やや理屈っぽくなるが、理論的に整理を試みたい。現行の日本の大学コントロールのあり方を総体的に診断するためである。そこからはわれわれの抱える問題点が浮かびあがってくるし、さらに今後の道筋も見えてくるだろう。

高等教育制度は歴史と文化の産物だから、国ごとに独自である。それゆえにまた、大学に対するコントロールも国によって異なる。それは、ここまでドイツと日本について見てきたとおりである。しかし他方、真理追究という学術の使命は国を問わない普遍的なものだし、さらに現代社会における大学の役割という点では、主要国は共通の課題に直面している。だから、大学コントロールには国を越えた共通点があるのもまた事実である。

つまり、大学コントロールには独自性と共通性が交錯する。これを整理するために、高等教育研究では、類型化によってその特質を把握するという方法が提唱されている。もっとも有名なのは「クラークの三角形」である。アメリカの教育社会学者のクラークは、大学コントロールのパターンとして三つの類型を案出した。国家規制、市場メカニズム、教授自治である。

国家規制は国家が大学に対して行うコントロールである。これには二つの側面がある。第一は立法による制度の創出や変更、さらにその過程での政党・関係団体などによる働きかけという政治的側面である。第二は高等教育を所管する教育省による許認可や指導という行政的側面である。

市場メカニズムは、市場における競争が大学の行動に与える影響である。学生を授業料でもって教育サービスを購入する消費者だと考えるなら、諸大学は顧客をめぐって互いに競争する関係にあると捉えることができる。また大学間では、政府や産業界からの研究資金の獲得、優秀な研究者人材の確保についても競争が成立している。これらの競争を勝ちぬくために、大学は相応の行動をとるはずである。

教授自治は、大学人たる教授自らによるコントロールである。多くの国で、大学運営の伝統的なあり方といえる。すなわち、教授たちが大学の要職を占め、参事会や教授会などのいわゆる同僚制的機関において、互いに平等なメンバーとして合議的な意思決定で大学を運営する。

図4－1　クラークの三角形

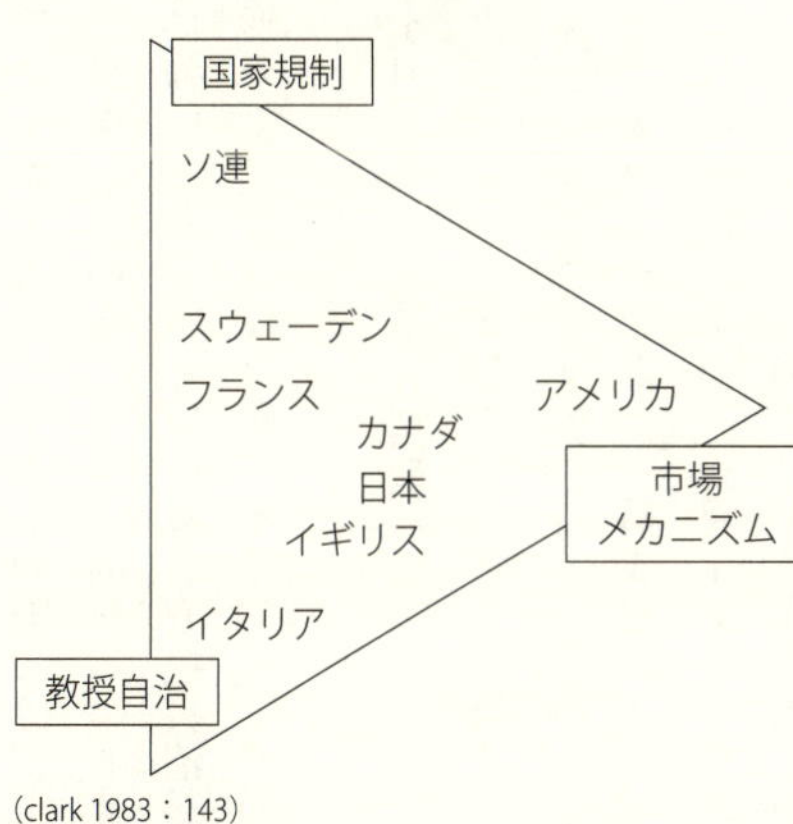

(clark 1983：143)

これらの3類型は、論理的・抽象的に構成された、いわゆる理念型である。現実に存在するコントロール制度では、これらは折衷・混合された形で含まれている。そこで、3類型のうちどれが強いかを示すことによって、そのコントロール制度の特徴を表すことができる。クラークは、この3類型を極とした三角形を考え、そのなかに種々の国をマッピングした（図4―1）。

市場メカニズムにもっとも近いところにあるの

がアメリカである。つまり同国では、市場メカニズムのコントロール作用が最大だということを意味している。一方、旧ソビエト連邦は国家規制の脇に位置する。国家の影響力が圧倒的に強いことを示している。一方、教授自治が強いのがイタリアである。一方、日本やカナダは三角形の中央付近に位置するので、三つの類型がほぼ等しい強さで作用していることになる。

イコライザー論の5類型

「クラークの三角形」よりさらに踏みこんだモデルが「イコライザー論」である。これは、ともに社会学者であるデブーア（オランダ）やシマンク（ドイツ）らが提唱したもので、大学コントロールを五つの構成要素に分解し、その組み合わせ、強弱、強度の変化に注意を向ける点に特色がある。クラークでは単に各コントロール制度の特徴を記述するにとどまったが、イコライザー論では、構成要素を使って種々の制度の特質や変遷を分析し、説明することができる。また、相異なる大学コントロール制度に構成要素という横串を刺すことで、制度間の比較分析も可能になる。

五つの構成要素とは、①国家規制、②教授自治、③外部統制、④経営管理的統制、⑤競争である。ある意味で、これはクラークの3類型を精緻にしたものといえる。たとえばクラークのいう国家規制は、イコライザー論では二分されて、（狭義の）国家規制と外部統制になっている。また、大学内の動きについては、教授自治に加えて経営管理的統制という要素を新たに設定している。クラークと異なるこの二つの要素について、以下説明しよう。

外部統制は、外部のステークホルダーによるコントロールのことであり、具体的には大学評議会（日本の国立大学における経営協議会）や大学認証（アクレディテーション）機関がその担い手である。大学評議会は学外者をメンバーに含むから当然、外部の声を反映する。一方、大学認証は国家が法的に義務づけることが多いから、一見国家規制のように見える。だが、認証の主体はあくまでも認証機関であることから、イコライザー論ではこれを外部統制に含めている。この場合、政府は外部ステークホルダーという位置づけになる。この二つ以外に、政府が間接的な統制を行使するという意味で、政府・大学間の業績協定も、同モデルでは外部統制と捉えている。

経営管理的統制は、官僚制的な組織構造での意思決定と遂行のことであり、すなわち企業・官庁風の組織統制のあり方である。トップ（全学レベルでは学長などの経営陣、学部レベルでは学部長など）の意思が上意下達的な組織構造を通じて末端にまで伝達され、組織全体をトップの意思にしたがって動かす統制である。

イコライザー論では、これら5要素の強弱の度合や変遷を示すため、5本の縦の数直線を設定する。ここで少々断っておく。数直線などといえば、イコライザー論は計数的モデルであるかのように響く。だがこのモデルも、コントロールの強弱や変化を定量的に測定する手立てをもつわけではない。つまり、数直線上の表示はあくまでも定性的な分析にもとづくもので、したがって分析者の主観を含むものである。

デブーアらは、このモデルを使ってイギリス、オランダ、ドイツ、オーストリアの4ヵ国の大学コントロールを比較分析した。この4ヵ国は、いずれも20世紀末以降、NPM的な大学改革を実施した。イコライザー論という共通の土俵に載せることで、それぞれの特徴を把握し、相互に比較することができる。

彼らの分析結果を示すのが図4―2である。矢印の始点は改革以前の状況を示し、終点は改革後を表している。つまり、それぞれの国で各コントロール要素が改革の前後でどう変化したかがわかるようになっている。白い矢印は、筆者の見立てによる日本の位置を付け加えたものである。なお、「イコライザー」という名称は、原図が、ステレオのイコライザーに似ていることから来ている。

国家規制を例に図の読み方を説明しよう。オランダ、ドイツ、オーストリアはいずれも下向きである。つまり、これら3ヵ国ではもともとは国家による規制が強かったが、改革を経て緩和されたことを示している。イギリスの矢印だけは上向きである。イギリスは大陸ヨーロッパ諸国とは異なり、元来、教授自治の伝統がきわめて強固であったうえ、大学が政府機構の傘下にあったこともない。つまり、同国では国家規制がきわめてゆるやかで、大学はほ

図４－２　イコライザー論による国際比較

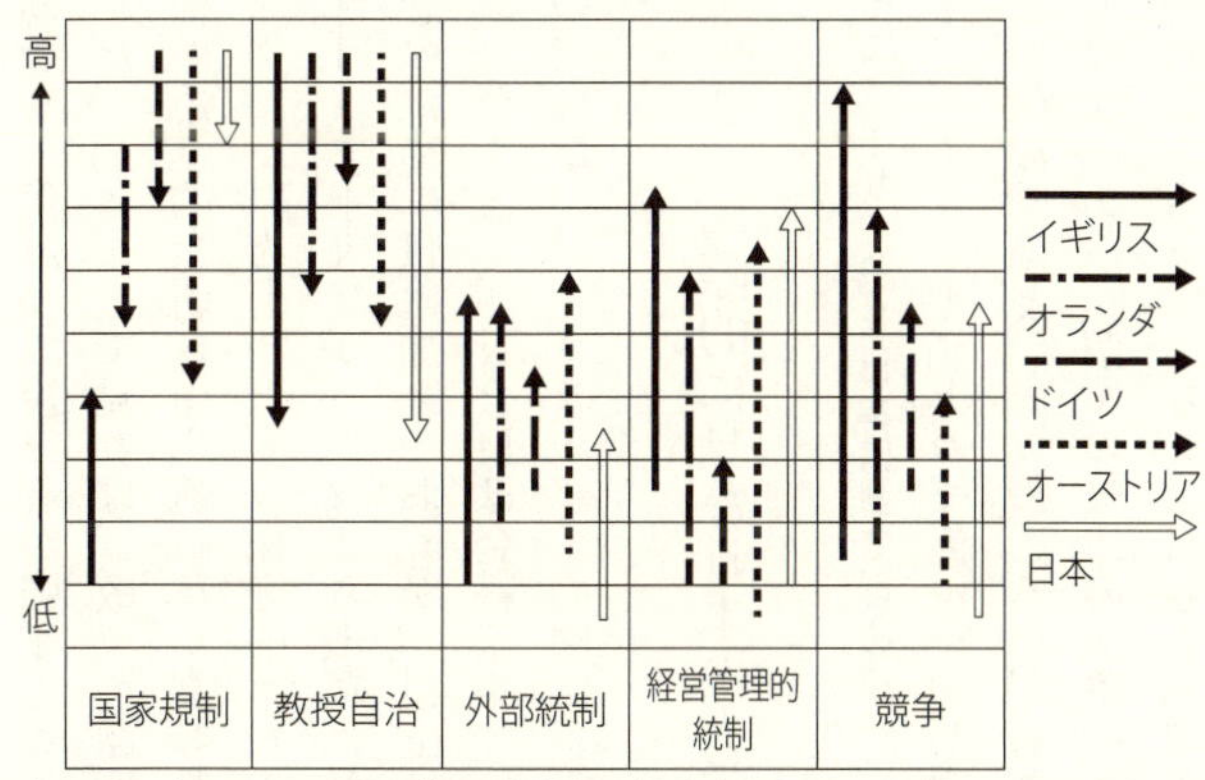

de Boer et al. 2007：14 の図に若干の体裁上の変更をしたうえで、日本についての矢印を加えた。

とんど自由放任であった。その結果、イギリスではＮＰＭ改革は規制の緩和でなく、逆に強化をもたらすことになったのである。

改革後の規制の絶対的水準は、イギリス、オランダ、オーストリアで大差はない。矢印の長さから、オーストリアがもっとも大幅な国家規制の緩和を行ったことが読みとれる。一方、ドイツの矢印は、改革前に国家規制が強固であったうえに、改革を経てもさほど解体されなかったことを示している。

４ヵ国に共通する大きな趨勢として、第一に国家規制と教授自治が減退したこと（ただし、国家規制に関してイギリスは例外）、第二に外部統制、経営管理的統制、競争が増大したことが指摘できる。前二者の要素は伝統的な大学コントロールの柱だったから、これらが弱まり、代わって後三者が強まることが、すなわちNPM改革であったわけである。

また、全体として見れば、改革の激度はイギリスが最大だったと読みとれる。サッチャー政権の急進的な新自由主義改革が高等教育にもおよんだからである。イギリスに次ぐのがオランダで、一方もっとも「保守的」なのがドイツということになる。同じくドイツ文化圏に属すオーストリアがドイツより改革に意欲的だったのは興味深い。

念のために付け加えておくが、以上は別段、各国を順位づけて評価するものではない。再三ふれたごとく、NPMは金科玉条ではないし、だから単純に改革が徹底すればよいというものではない。イコライザーの図は、それぞれの国の特徴を表しているにすぎない。

2　国際的に見た日本の大学コントロール

イコライザー論を日本にあてはめる

さて、イコライザーのモデルをわが国の国立大学にあてはめてみたのが、図4―2のうちの白い矢印である。先述のように、各要素の強度の絶対的水準や変化度を客観的に測定する方策はないから、個々の矢印の位置や長さは筆者の判断による。だからといって、純然たる主観によるものではない。日独の高等教育事情に関する知見と、図4―2におけるドイツの矢印をもとに、相応の根拠をもって日本の矢印を決定するよう努めた。

　全体的傾向は、日本の矢印も先述の4ヵ国の場合と同じである。すなわち、国家規制と教授自治が減退する一方で、外部統制、経営管理的統制、競争が伸長している。法人化は基本的にはNPM改革だったから、4ヵ国と似るのは当然である。だが仔細に見ると、相違点は決して少なくない。筆者の見立ての根拠を説明しながら、日本の特徴を考えてみたい。

　まず、旧来の大学コントロールの主柱であった国家規制と教授自治から始める。国家規制の矢印は始点を高くし、長さを短くした。第1章で詳述したとおり、日本ではもともと政府による規制が強かった。法人化で一定の規制緩和は進められたが、その進展は十分ではなかった。加えて最近は、むしろ規制復活の動きさえ見てとれる。したがって、国家規制はドイツと比較してより強力だと考える。

　ドイツは4ヵ国中では国家規制の残存がもっとも顕著だから、結果として日本はイギリスなど3ヵ国が改革後に到達した水準には達していない。すなわち国際的に見て、日本の大学コントロールは国家規制に依存する度合が強いといえる。

　教授自治の矢印はかなり上で始まり、わりに下まで達している。4ヵ国のうち、イギリスは元来、学部を拠点にした教授自治が強固であった。残る3ヵ国は、高等教育制度に関してはいずれもフンボルト理念に立脚する中欧に属しているから、大学コントロールは国家規制と教授自治の二本立てであった。日本もドイツを手本にして近代大学制度を構築した。したがって、改革前の状況は日本も4ヵ国とそう変わりはないということになる。

改革による教授自治の減退は、日本ではドイツより著しい。ドイツで教授自治の主舞台となるのは参事会である。参事会は、改革前は学内の最高意思決定機関であった。改革によって発言力を相当失ったが、それでも学務領域を中心に重要事項を承認・決定する権限はなお保持している。

日本で参事会に相当するのが、学部の代表などから構成される教育研究評議会である（以下の論述では、図2―2をあわせて参照されたい）。法人化以前は評議会という名称をもち、最高意思決定機関であった。だが、改革による権限削減は、ドイツの参事会よりはるかに大幅であった。現在の教育研究評議会は単なる審議機関で、決定や承認の権限をもたない。独立性も弱い。議長を務めるのは学長である。

したがって、制度上の位置づけで、日本の教育研究評議会はドイツの参事会に遠くおよばない。4ヵ国と比べて、教授自治では日本はイギリスとならんでもっとも切り込みが大きかったと見る次第である。

経営協議会の影響力

次に外部統制について、大学評議会（わが国の場合は経営協議会）と大学認証（わが国の場合は機関別認証評価）を軸に見てみよう。なお、同じく外部統制の一環とされる政府・大学間の業績協定（わが国の場合は中期目標・中期計画）については前章で詳述したので、ここでは省略する。

日本の外部統制の矢印はある程度長いものの、終点はドイツを下回る。長さの一因は始点がゼロだからである。外部統制はわが国の場合、NPM改革で導入された新たなコントロール要素である。経営協議会は２００４（平成16）年の法人化改革の一環として設けられ、また機関別認証評価も同年にスタートした。一方、終点が比較的低いのは、経営協議会も機関別認証評価も、ドイツ側の制度に比べると、以下に述べるように統制力は劣ると見るからである。

経営協議会のメンバーは学長によって人選され、また学長は自ら議長として協議会を主宰する。したがって、経営協議会の独立性は弱く、大学経営に正面きって「もの申す」ことは考えにくい。それに、単なる審議機関であって決定権をもたないから、権限も小さい。結局、学内の意思決定における経営協議会の役割は小さく、ドイツの大学評議会に比べると統制力は劣る。

一言付け加えておかなければならないのは、国立大学に置かれている学長選考・監察会議の存在である。これは、2022（令和4）年に設けられた比較的新しい組織で、学長の選考を使命とする。加えて、同会議は学長権限へのチェックとして、その職務を監督する役目ももつ。この会議の存在を考えると、学長選任の手順を軸に、日本のほうが外部統制は強いようにも見えなくはない。

しかし、学長選考・監察会議は独立性が弱い。同会議のメンバーは、経営協議会と教育研究評議会から選ばれるが、これら二つの会議はともに学長の主宰下にある組織である。さらに、学長に対する監督権も限定的である。学長選考・監察会議が学長に職務執行について質すことができるのは、法令違反が疑われるなどの重大事態に限られる。したがって総合的に見るなら、大学評議会による外部統制は日本ではさほど強くないと考える。

機関別認証評価の限界

次に大学認証について見てみる。実は、仕組みとしては、わが国の機関別認証評価はドイツとよく似た一面をもっている。というのは、いわゆる内部質保証重視の方針をとっているからである。

日本の大学は、国公私の区別を問わず、7年以内に1度は機関別認証評価を受審しなくてはならない。ところで、日本の制度の特徴は、まさしく機関別だという点にある。つまり、審査対象が個々の教育機関、すなわち大学となっており、言いかえれば一つの大学全体をひっくるめて教育のよしあしを問うという仕組みである。

だが、大学には多数の学科や講座がある。そのなかには教育の優れた学科もあれば、そうでない講座もあろう。つまり、大学全体を単位に良否を問うのはあまり意味がない。大事なのは、現場で教育実践を行っている学位プログラムのレベルである。だから、教育の質はこのレベルで見るべきだし、文科省もまたその立場である（文科省 2022）。

そこで、大学のレベルと学位プログラムのレベルを橋渡しする必要がある。このために機関別認証評価制度では内部質保証重視の方針をとっている。つまり、審査の一環として、大学が自らの責任で自学の教育の質をきちんと担保している（これを内部質保証という）かをチェックするという方針である。こうすれば、機関別認証評価の審査は直接には学位プログラムには届かないものの、大学の内部質保証を介して間接的に現場の質を把握できる。これはドイツの自己認証とまったく同じ発想である。

さて、この制度がもくろみどおり動くか否かは、内部質保証がどれほど実効的かにかかっている。残念ながら、この点はかなり疑問である。というのは、かけ声こそ高いが、実際にはドイツの自己認証のように制度や手順が固まっていないからである。平たくいえば、何をすれば内部質保証になるのかがはっきりしない。大学側はいちおう仕組みを作ってはいるが、手探り状態のようである。実際、文科省の審議会でも、内部質保証はほとんどの大学で機能していないとの厳しい指摘がある（質保証システム部会 2020）。

今日、多くの大学で採用されている内部質保証の仕組みは集権的なタイプである。筆者たちのインタビュー調査によれば、その典型的な例は、大学本部に学長をトップにした「質保証委員会」のような組織を設置するというものである。ここに全学の質保証に関する案件を集中させ、そして学長のリーダーシップを発揮して解決するという。

組織図としてはきれいだが、実効性は疑わしい。教育の質に関わる問題は、学内各所で大小種々さまざまの案件が間断なく発生する。それらをすべて中央に集中し、さらに学長の決裁に上げていては、とうてい処理は追いつくまい。現に一部の大学からは、この種の仕組みの形骸化をこぼす声も出ている。

以上をまとめるなら、大学評議会や大学認証という外部統制の要素は、日本の大学コントロールではドイツほど作用していない。4ヵ国の間ではドイツはこの点もっとも弱いから、日本は国際的に見ても低位にあるといえる。

強い学長権限

経営管理的統制では、意思決定における学長ら大学経営陣の役割が最大の焦点となる。日本の矢印はドイツよりはるかに長くした。その結果、改革後の経営管理的要素は、イギリスなどと肩を並べる高さにした。そのゆえんは何より学長権限の強さである。

学内の意思決定において、日本の学長は他からのチェックをほとんど受けない立場にいる。先述のように、経営協議会も教育研究評議会も単なる審議機関でしかなく、しかも独立性に乏しい。学長選考・監察会議も独立性が十分でないうえ、学長に対する監視機能も強くない。学長にこれほどのフリーハンドを認めている国は、主要国のなかでも珍しい。

財務面からも学長のリーダーシップは補強されている。運営費交付金には、「学長裁量経費」という、他使途に転用できない経費枠が設けられている。これは、学長が自己判断で機動的に使用しうる予算であり、つまり学長が自由にイニシアティブを発揮できるようにと財務面で担保したものである。

もちろん、法令と実態とは別である。わが国の大学では、経営陣が教授会や学内世論に対して過度に宥和的であり、それが改革の進捗を阻んでいるとの見方は少なくない。よく指摘されるのが、学長選考において、法令上とくに定めのない一般教職員の投票（「学内意向投票」とよばれる）が大きな影響力をもつことである。だからこそまた、「学長リーダーシップ論」が倦むことなく繰りかえされるのだろう。その意味では、日本の経営管理的要素の強さは幾分割り引く必要はある。

ドイツでも、NPM的改革によって大学経営陣の権限は強化された。それに実態面では、学長室は大学の事務機構を握っているから、その変質的発言は大きい。しかし日本と異なって、ドイツの学長は学内他機関とのチェックアンドバランスの枠のなかにいる。

ドイツの学内統治のあり方を大ざっぱにいえば、参事会や大学評議会が「立法機関」の役割を果たし、学長はこれらが決定した事項を執行する「行政機関」という位置づけになる。だから学長は、経営上の重要事項を決定するうえでは、必ず両「立法機関」の承認を必要とする。また、経営陣は両機関から監督を受ける立場にあり、したがってこれらに対して業務執行に関する説明責任を負う。

以上を合わせて考えるなら、経営管理的要素はやはり日本のほうが相当強いと捉えるべきである。

3　ユニバーサル段階の大学コントロール

法人化以前には回帰できない

ここまで、ヨーロッパ4ヵ国との対比で日本における大学コントロールの諸要素のあり方を見てきた。実は五つ目の要素である競争が残っているが、これは後段であらためて論じるので、ここでは取りあげない。さて、日本の特徴をまとめるなら、おおよそ以下のようになろう。

まず、法人化での規制緩和が不徹底に終わったため、国家規制がかなり強い。一方、大学のアクター化に向けて経営陣の権限を強化したため、経営管理的要素が強くなっている。これに反比例して、教授による合議的な意思決定は大きく後退し、教授自治の要素はかなり弱くなっている。外部ステークホルダーによる統制は、経営管理的統制の陰で強い作用はもたない。

ここから、わが国における今後の大学コントロールのあり方について、何らかの示唆を引きだすことはできるだろうか。その際、注意しておきたいことがある。第一に、イコライザー論の図での矢印が短いからといって、ただちに長くなるよう努めるべきだという結論にはならない。ＮＰＭ的な大学改革は自己目標ではないから、改革が進展すればするほどよいというものではない。他方、各コントロール要素をどう組み合わせるか、あるいはどの程度の強度であるべきかなどについて、理想解が存在するわけでもない。コントロールのあり方は、それぞれの国の伝統や事情をふまえたものたるべきである。

第二に、とはいえ、あるべきコントロールを模索するうえで、やはり一定の方向性はある。現在の高等教育は、20世紀末の構造変化を経たうえでのものである。したがって大学コントロールも、ユニバーサル段階という時代状況に対応していなくてはなるまい。そうでないと、実効性は期待できないし、かえって害をなすことすらありうる。

そう考えるなら、たとえば法人化以前への回帰は選択肢として除外できよう。コントロール要素で言いかえるなら、国家規制を強化し、かつ教授自治を復活させるという方向は適当でないということである。

国家規制については、逆に今より抑制するのが適当だと考えられる。高等教育の使命が拡大・深化した現在、集権的・一元的な規制で有意味なコントロールを行うのは不可能である。また、後段でふれるようにコントロール要素としての競争を重視する場合、強力な規制は競争行動における大学の自由を制約する懸念がある。

教授自治についても、復活は時宜を得たものとはいえまい。昔のように象牙の塔に閉じこもっていたのでは、多様化するステークホルダーとはうまく向きあえない。また、学術の論理を最優先させる意思決定を続けるなら、大学は社会から遊離する。

むろん、国家の影響力を全否定するものではない。公教育への責任、科学技術や社会政策など他の政策分野との連関を考えるなら、政府は引きつづき高等教育のコントロールに大きな役割を果たすべきである。ただ、それは必ずしも直接的な国家規制である必要はない。同様に、大学の専門職組織としての特性、学術に本質的な創造性を考えれば、教員の役割はむろん大きい。

「学長リーダーシップ論」の問題

国家規制を緩和し、教授自治を抑制したままにするなら、何か他の要素が空白を埋めなくてはならない。では、経営管理的統制についてはどうだろうか。わが国では、「学長リーダーシップ論」に見られるように、大学組織の合理化・階統化をさらに強化すべきだという議論が根強い。だが、筆者にはこれは有効な処方箋には見えない。

制度的に見た場合、わが国の学長権限はすでに過大といってよい。さらに強化しようにも、その余地はあまりないし、むしろ害にすらなりうる。最近、一部の大学で報じられているような「学長の暴走」を許しかねないからである。これではガバナンスの強化どころか、崩壊である。実際、学長選考・監察会議が最近設けられたのは、こうした反省からである。

また、上意下達的な組織強化をさらに進めるのは、第2章で詳述した大学組織の特性を考えると、有意味だとは想像できない。さしたる効果もあがらないのに、学内での統制や複雑化したコミュニケーションに付随して事務コストだけが増えることになりそうである。煩瑣な規則による束縛が強まれば、創造的な学術活動には有害でありさえする。

経営協議会への期待はむり

外部統制はどうだろうか。まず、外部ステークホルダーによる監視についていえば、たしかに経営協議会の役割を拡大する余地はある。単なる審議的な機能ではなく、ドイツの大学評議会のような、承認や決定の権限を与えるという選択はありうる。

実際、わが国でも、外部統制を強化する動きは始まっている。2023（令和5）年に、主要国立大学に「運営方針会議」なる合議的機関を置くことが法改正で定められた。この機関は、中期目標・中期計画や予算などの重要事項について決定権をもつとのことである。

ただ、過度の期待は禁物だろう。この点、ドイツの状況が参考になる。大学評議会についての実証的な調査研究を見ると、実効性については総じて懐疑的な見方をとる論者が多い。研究者だけではない。ドイツの大学経営陣を対象にしたアンケートでは、学長たちは、経営の戦略化に向けて評議会が大きな役割を果たすとは期待していないとの結果が出ている。

その理由はといえば、つまるところ名誉職のメンバーが年に数回程度参集して議論するにすぎないという点にある。とくに経済界出身者は学術の特殊事情に暗いから、実のある議論になりにくい。なかでも決定的なのが情報格差である。外部者には、学内事情に関する情報を十分得る手立てがない。となれば、学内状況を掌握している経営陣に対して、評議会が対等に渡りあうとは期待できない。

しかも、評議会メンバーが得るわずかな情報も、経営陣か、もしくは経営陣が掌握する大学の事務機構を介したものである。とすれば、評議会の存在がかえって学長らの権限増に結びつく可能性すらある。学内情報へのアクセスを握る経営陣が評議会での議論を左右しうるからである。以上を考えると、わが国の「運営方針会議」制度で想定されているような、戦略的意思決定は合議体で、経常的業務執行は経営陣で、という分業は実際には容易でなかろう。

大学評議会の業務を支援するため、ドイツでは、評議会に専用の事務局を設けている大学もあるが、効果のほどは不明である。ただ、これにならっても決定的な打開策にはなるまい。小規模な事務局では情報格差を解消するには不足だろうし、といって大学の事務機構とパラレルなほどの規模にすれば、組織の重複を招くだけである。

なお、「運営方針会議」については、これが政府の統制強化につながるとの強い反対論があるが、まさしく以上の理由から、この見方には首を傾げざるをえない。同会議が正負いずれにせよ、大学経営にこれといった影響を与えるとは思えない。おそらく、現行の経営協議会と同じく、事実上棚上げされるのがせいぜいだろう。

国家規制の強化を可能にするためにこの法改正が強行されたと説く論者もいるが、これも疑問である。本書でこれまで見てきたように、規制強化は実地レベルでひそやかに進むのが常態であり、そのためにわざわざ法改正する必要はない。それに、大学の経営に介入する法的根拠だけであれば、以前からの国立大学法人法で十分である。条文には、中期目標を定め、中期計画を認可するのは文科大臣だと明記してある。

大学認証の制約

もう一つの外部統制である大学認証を見てみよう。現行の機関別認証評価制度には、問題点を指摘する声が以前からあり、改善に向けて、中央教育審議会などで議論されてきた。教育の質の向上に十分つながっていないとか、制度に対する一般社会からの認知度が低いなどが問題点としてよくあげられる。さて、大学コントロールの観点からはどうだろうか。

まず確認しておくべきなのは、大学コントロールの面では大学認証制度には本質的な限界があることである。すでに述べたように、大学認証は規制緩和後の事後チェックとして、大学たる最低要件を満たす教育内容だと、社会に対して保証するのが使命である。

最低要件の保証は重要である。というのは、大学教育は外部者にとって情報の非対称性がきわめて強い「経験財」（購入頻度が小さく、かつ経験によってのみ質の判断が可能な財）だからである。たとえば受験生には、A、Bどちらの大学の教育が優れているかは判断がつかない。そして自分の望んだとおりの教育だったか否かは、入学してみて初めてわかる。しかも、もし望んだ教育でないとわかっても、4年後に別の大学に入り直すことはない。ただ、それを超える役割は本来、大学認証にはない。前に使った比喩でいえば、「傷んだリンゴを除く」というネガティブな選別にとどまる。排除されなかった圧倒的大多数のリンゴには、コントロール作用は生じない。ついでに言えば、社会からの認知が乏しいのは当然だろう。いわば合格して当たり前、という審査である。世間の注意をひくはずがあるまい。

古典的なＮＰＭの立場からすれば、ネガティブな選別だけでも十分意味がある。というのは、選別の後に展開されるはずの大学間の市場競争からコントロール作用が生じると考えるからである。諸大学は学生獲得を目ざして、それぞれ教育の質を高めるよう努力し、互いに競いあう。そこでは大学認証は、健全な大学間競争が可能になるよう、その前提環境を整えるという重要な意義をもつ。

しかし、筆者にはこの議論は賛同しがたい。高等教育で市場競争が生じうるという想定自体に無理があるからである。この点の詳述は次節にゆずる。機関別認証評価に建設的なコントロールを期待するとすれば、やはり有意味な内部質保証と組み合わせる場合である。先述のように、現行の内部質保証には改善の余地が大きい。そこで、たとえばドイツの自己認証のような、厳密な学内体制を整備することは考えうる方策である。

4　日本の大学間競争の何が問題なのか

自律と両立する競争

ここまでイコライザー論の枠組みを借りて、日本の大学コントロールの特徴と今後の可能性について見てきた。五つあるコントロール要素のうち、残るは競争である。結論を先取りしていえば、筆者は今後の日本の高等教育では競争がより大きな役割を果たすべきだと考えている。

こういうと、大学人のなかには定めし眉をひそめる向きが少なくないだろう。総じて、日本の大学界では競争という観念は人気がない。競争は高等教育の悪しき商業主義化を進め、学術の理念を歪めるものだという批判は根強い。あるいは、近年は大学評価や資金獲得をめぐる競争で大学の現場はすでに十二分に疲弊しているのに、まだこのうえ競わせるつもりかという憤慨の声もありそうである。だから、「大学間で……競争させる政策を続けていては、日本の大学の研究力がじり貧になるのは目に見えている」（木村 2018: loc. 667）と主張する論者もいる。

しかし、競争がものごとの改善に資するのは自明のことである。競争のないところに進歩はないというのは、学術研究での競争環境に身を置いている大学人なら、むしろ皮膚感覚のはずである。だから、わが国の大学人がもつ拒否感は、競争それ自体に向けられたものというより、競争に伴う弊害によるものと考えるべきだろう。実際、わが国の高等教育で今行われている競争のあり方には問題点が少なくない。

本来、競争は大学コントロールにおいて大きな長所をもつ。フランスの経済学者アギオンがこの点を適確に表現している。いわく、競争環境なしに大学の自律を拡大するのは無意味で、危険でさえある。逆に、競争に対応するための自律を与えずに大学間競争を促しても意味がない、と（Aghion et al. 2009: 1-2）。つまり競争によって、大学の自律が放逸に堕するのを防ぎ、かつ自発性にもとづいた改善が可能になると期待できるのである。

高等教育に「市場」はない

まず、高等教育における競争の特徴について見ておきたい。学術の世界では、研究者個人がより優れた成果を求めて競いあうことは大昔から行われてきた。しかし、高等教育機関同士が競争すべきだという考えが生まれたのは、実は比較的最近、すなわちおおよそ20世紀末のことである。つまり、第2章で述べた高等教育の構造変化の時期と重なる。

わが国では、おそらく２００１（平成13）年の「遠山プラン」が最初であろう。これは、当時の遠山敦子文科大臣が発表した大学改革プランで、国立大学法人化の原点となった文書である。同プランは、大学に「競争原理を導入する」と明記している。

以上のことから、大学間競争はNPM的改革と深く関連していることがわかる。NPMは公共サービス経営を市場環境のなかに置き、互いに競争させることで、業務の効率化を実現しようとした。そうであれば、NPMを高等教育の世界に適用した場合、大学同士が競争することになるはずである。実際、先に紹介したクラークをはじめとして、現代における高等教育の趨勢の一つとして市場化をあげる論者は少なくない。

だが、高等教育ではほんとうに市場は成立するのだろうか。というのも、市場がなりたつには、需要と供給の双方の側で不特定多数のプレーヤーが存在することが前提である。しかし、これは高等教育にはあまり該当しない。せいぜい、学生獲得をめぐって諸大学が競うという場面くらいである。優れた研究者の獲得をめぐって競いあうのも市場競争とは言いがたい。需給双方のプレーヤーの数が少なすぎる。

しかも、学生獲得についても、「受験市場」なる言葉とはうらはらに、市場的状況は限定的である。「商品」として提供される教育プログラムは大学によって差異が大きい。また、受験生の志望する学部・学科がどこの大学にもあるわけではない。さらに立地面の制約がある。国立大学にかぎっていえば、一地域に少数しか存在しない。他方、東京にある大学の教育がいいからといって、だれもが東京に進学できるわけでもない。以上の状況は、教育のオンライン化が今後進んだとしても、根本的に変わるものではあるまい。

こう考えるなら、高等教育はむしろ「典型的な『市場の失敗』領域」なのである（南島 2013: 129）。あるいは、せいぜい擬似的市場の可能性しかない。これに加えて、日本では政府による参入規制がある。大学の新設、学科等の改変には大学設置基準の審査があり、最近では法令による大学の立地制限もある。学生定員の管理も厳格である。学生獲得「市場」で有力手段となるはずの授業料設定では、学費値上げ論など最近やや動きが出てきたとはいえ、国立大学全体では依然として硬直的である。

公的資源をめぐる争奪戦

反面、わが国の大学にとって近年、競争が激化したのは疑いない事実である。第１章で見たように、多くの大学は他大学をしのぐ数字を出すために懸命に努力している。先述の図４―２で、競争の激度をドイツと同程度にしたのもそのためである。ところで、高等教育では市場競争は成立しにくいのなら、ではわが国の大学はいかなる競争をしているのか。

筆者は、それは公的資源をめぐる競争だと考える。たとえば、２０２２（令和４）年に公募が始まった「国際卓越研究大学」（いわゆる「10兆円ファンド」）をめぐって、いくつもの大学が手をあげた。今回は不採択に終わった大学も次回再挑戦する動きがあり、また激しい競争になろう。２０１４年から「スーパーグローバル大学」事業という大型助成があったのも記憶に新しい。これ以外に常時、小型の競争型の助成プロジェクトが多数存在する。

加えて、国立大学に毎年交付される運営費交付金でも競争色は強まっている。第1章では共通指標や法人評価の反映分である法人運営活性化支援を紹介したが、他にも種々の評価連動部分があり、相当の比重を占めるようになっている。その総額は、たとえば２０１９（令和元）年度概算要求では１２５５億円にのぼり、これはこの年の運営費交付金総額１兆１２８６億の11・1パーセントに相当する（文科省 2018）。

以上の公的資源をめぐる争奪戦こそが、現在の大学間競争の主たる様相だと考えられる。このような競争のあり方はむろん日本だけにかぎらないが、わが国では市場競争的要素の弱い分、ことに強く現れているようである。

本節冒頭で、競争は本来、大学の自律と両立し、教育・研究の活性化を促す作用があると述べた。では、現在の日本の大学間競争にそのような作用はあるのだろうか。この点はかなり疑念をもたざるをえない。そして、そこに現在のわが国の大学間競争に付随する弊害が見られる。

規制下での競争がもたらすもの

わが国の大学間競争の第一の問題点は、大学の自律が乏しいなかで競争が設定されていることである。すでに見たように、わが国では大学に対する国家規制が相対的に強い。この状況下では、競争で他大学に対して優位に立つために大学が対処策をとろうとしても、行動の余地がかぎられる。言いかえれば、競争を促したところで、高等教育全体として改善という果実は生まれにくい。その一方で、競争の圧迫だけは大学にのしかかる。

一例をあげよう。教育・研究の競争力を向上させるうえで、債務によって最新設備の導入をはかるというのは、大学にとって一つの選択肢である。しかし、大学に債務をおこす権限が認められていなければ、この案は実行できない。そして、わが国では国立大学の債務権限はかなり限定的である。最近は若干緩和されて、東京大学をはじめ有力大学が大学債を発行するようになったが、まだごく一部の動きにとどまっている。

一方、ヨーロッパでは九つの国・地域において、大学に債務を無条件で認めている(Pruvot et al. 2023: 31)。債務権限は大きければよいというものではないが、日本の大学に財務面での自律性が乏しいことは指摘できる。その分、競争による改善効果は乏しくなる。

以上の問題は、公的資源をめぐる競争にかぎらない。およそ大学間競争全般において、規制が残存するなかで競争を促すのは生産的でない。得られる効用は乏しいわりに、きしみだけが増えることになる。先に、予算や学務の面で規制が再強化される傾向を指摘したが、この傾向が変わらないようであれば、今後競争に伴う摩擦はいよいよ大きくなろう。

審判はたった一人

第二に、競争における審判の問題がある。そもそも競争が成立するには、優劣をわかつ基準と勝ち負けを判定する審判の二つが必要である。市場では、価格の高低が売り手の間の優劣を決め、需給の市場メカニズムが勝敗を判定する。

一方、わが国の大学間競争では優劣基準がさほど明確ではない。研究助成プログラムに同じような申請が提出され、一方が採択され、他方が落ちる。釈然としない感を抱いた大学関係者は少なくあるまい。もっとも、これはやむをえない面がある。質的な性格の強い教育・研究において、大学間の優劣を客観的に示すような判断基準は乏しい。逆に、客観性を重んじるあまりKPIなどを多用すれば、それこそ第1章で紹介したような数字の呪縛に陥りかねない。ただ、こうした事情はあるにしても、大学側にとっては優劣基準が不明だということは変わりない。

加えて問題なのは、審判が一元化されていることである。勝敗が審判一人の胸三寸で決まるようであれば、健全な競争とはなるまい。そして、わが国の公的資源の配分では、何といっても配分元の文科省の発言力が大きいのは容易に想像されるところである。

むろん、胸三寸というのは言いすぎである。助成等の配分決定は、文科省が直に行うのではなく、何らかの審議組織を設けてその意見をふまえるのが通例である。たとえば、先に紹介した運営費交付金中の評価連動部分に関する資料を見ると、「有識者会議において評価する」旨の文言が随所に見える。

ただ、これらの「有識者会議」がどれほど独立的で、いかほどの評価作業を行っているかなど、詳細は不明である。好例は、法人評価結果への報奨である法人運営活性化支援である。これもこの文書に挙げられており、そして「中期目標期間の評価結果をふまえて」と付言されている。ところが、実際の配分がかなり不透明だという点は先にふれたとおりである。

少なくとも大学側では、事実上配り方を決定しているのは文科省だとの受けとめ方が普通である。「評価される側の大学は……政府の顔色ばかりを見るようになって」（山口 2017: 274）いるという意見は決して珍しくはない。また多くの学長は、政府に批判的な発言をすると、補助金などの配分で不利益を被るという不安を抱いている（朝日新聞、2024年4月28日）。

優劣の基準も審判の判定も不透明だということは、大学としては、競争に勝つためにどんな対策を講じればよいのかわからないということである。そうだとすれば、ここでも競争が改善効果を生むとはあまり期待できない。

加えて、一元化された競争には、画一化を助長するという弊害もある。審判が一人しかいないなら、勝ちぬくコツはその審判の考えに合うようにプレーすることである。だれもがそう考えるから、結果的に同じようなプレーが並ぶことになる。あるいは、敗れた者は、勝者のモデルを成功の秘訣として模倣するだろう。こうして、どの大学も同じような取り組みを学内で行い、同じような内容の助成を申請する傾向が生じる。

たとえば近年、大学教育の目ざすべき一つの方向として、学習者本位の学びが強調される。そのせいだろう、諸大学の中期目標・中期計画を見ると、アクティブ・ラーニング（ディベートなどの双方向的授業など）の強化を掲げないところはないという印象である。なかには、科目の特性も考えず、ひたすら高い導入率だけを目ざす動きすら見られる。

このように画一化が進めば、大学間の質的な相違は縮小する一方である。わが国の高等教育政策では、「個性豊かな魅力ある国立大学」の創出を理想に掲げているが（戦略的経営検討会議 2020）、これで個性の発揮は可能なのだろうか。

東大と地方大が同じ土俵でいいのか

第三に、日本の大学間競争に歪みを与えているのが格差の問題である。健全な競争は相対的に同等のプレーヤーの間でないと成立しない。しかし、わが国の国立大学の間にはかなり大きい格差があり、しかも固定的である。

たとえば財政規模を見よう。収入額で見ると、最高の東京大学は最下位の鹿屋体育大学の１２８倍である（大学改革支援・学位授与機構 2023）。これには学部構成の相違や附属病院の有無など、むろん相応の理由はある。だが全般的に、トップクラスの有力大学とそれ以外の大学との間で財政面の二極化が進んでいるのは、よく指摘されるところである。

研究力でもしかりである。科学研究費補助金の採択状況は研究力の一つの尺度とされるが、採択件数で上位の大学を見ると、東大、京大、阪大と有力大学がずらりと顔をそろえる（日本学術振興会 2023）。実際、「日本の大学の格差の傾斜は、世界の先進国中でダントツに激しい」（豊田 2019: 150）のである。

国立大学には、非公式なものながら、「旧帝大」や「旧六」などのグループ分けがある。来歴に共通点があるという理由からだが、同時に規模や研究力の点で同等クラスの大学をくった呼び名でもある。これらのグループのメンバー構成は固定的で、垣根を飛び越して他のグループに入ったという話は聞かない。

この点をドイツと比較してみよう。ドイツでもむろん、世界レベルの研究大学とその他の大学の間には格差はある。しかし、日本ほどではない。「はじめに」にもどって、表０―１

の世界大学ランキングのトップ100の顔ぶれを見てほしい。ミュンヘン、ハイデルベルク、フンボルトのような常連組がいる一方で、新規登場や退出などの出入りが結構ある。また順位も変わる。一方、日本は東大と京大の指定席になっていて、しかも東大がつねに上という関係である。つまり、ドイツのほうが、新陳代謝が盛んなのである。

さらに、ドイツでは格差が分散的である。たとえば大学別の論文数データを見てみると、日本の場合は、どの研究分野でも一握りの有力大学が上位に立つ一方、中堅以下の大学が相対的に弱いという特徴がある。それに対して、ドイツでは分野ごとにリードする大学が異なる傾向が見える（村上／伊神 2020）。いわば、日本が単一のトップをいただく富士山型なのに対し、ドイツは分野によってトップが異なる八ヶ岳型である。

以上のように、大学間格差が大きいというのが日本の高等教育の特徴である。これだけでも重大な問題だが、この格差はさらに拡大する傾向が見られる。近年の大型研究助成プログラムを見ると、結果としては、採択されているのは旧帝大を中心に有力研究大学が多い。「10兆円ファンド」でも、そもそも申請のハードルが高く設定されたこともあって、初年度の申請校はこうした有力大学ばかりであった。

さらに、格差は長期的に固定する懸念がある。「10兆円ファンド」事業が見込む助成期間は何と25年である。一握りの大学がこれだけ長期にわたって数百億円という巨額の助成を受けつづけるのである。

巨大な格差があるなかで優劣の物差しを一元化すれば、これは勝負にならない。筆者たちのインタビュー調査で、ある地方大学の理事が述べた言葉が耳に残っている。「競争が今日避けられないことは承知している。ただ、東大と同じ土俵に上げるのだけは勘弁してほしい」。

5　多元的な大学間競争

行きづまるNPM

以上、日本の大学間競争の問題点を見てきた。大学の活性化のためには、これらを是正するのはむろん重要である。だがそれにとどまらず、よりよい大学コントロールという観点から高等教育における競争のあり方を考え直すべきだと考える。

これまで大学間競争を理念面で支えてきたのはNPMである。NPMは20世紀末以来、現代の高等教育が直面する課題に対する最適の処方箋だと考えられ、主要各国で大学改革の基本指針として用いられてきた。だが、それから数十年経ち、今日ではNPM自体がどの程度適切だったのかについて懐疑的な見方が少なくない。

公共経営一般の手法としてもさることながら、高等教育に適用した場合について、研究者の間で以下の問題点が指摘されている。

第一に成果連動配分の効果の不透明さである。業績に対して予算などで経済的応報を行うことによって教育・研究を刺激できるというのがＮＰＭの想定であった。だが実際には、この想定はかなり怪しい。大きな理由は、本書でも繰りかえしふれた、高等教育における成果測定の限界である。つまり、ＮＰＭには政策ツールとしての実効性に疑問符がついているのである。なかには、ＮＰＭは現実との接点を欠いた、単なるイデオロギー的な思い込みにすぎないとまで断じる研究者もいる。

第二に価値的な偏りである。ＮＰＭはコストや経営効率など経済的な価値を重視する。だが、教育は安上がりであればそれでよいというものではない。目の前の効率や実利性を重視するあまり、たとえば高等教育へのアクセスが社会的に偏ったり、あるいは民主主義や市民社会の価値観が軽視されたりするのは望ましいことではない。とりわけ21世紀の今日、環境と持続可能性、多様性と包摂など非物質的な価値が以前にもまして重要視されている。経済一本槍のＮＰＭでこれからの高等教育をリードしていけるのかという疑念が生じるのは当然である。

以上のような反省から、ＮＰＭの行きづまりは多くの研究者に意識されるようになった。

それとともに、今後の大学コントロールがどうあるべきかについて、対案が活発に提出されている。提唱されたモデルの名をざっとあげるだけでも、「ネットワーク統御」「新公共統御」「公共価値的パラダイム」「デジタル時代統御」などがある。ポストNPMに向けた議論は目下、まさしく百花斉放の趣がある。そのなかで、ポストNPMがおおよそどのような方向を目ざすべきかは次第に明らかになっている。

第一はステークホルダーとの間のネットワークの重視である。第2章で述べたように、現代の高等教育は社会との関わりを深めるにつれ、いよいよ多数・多様のステークホルダーと接点をもつようになった。今後は、大学はこれらステークホルダーと重層的な関与を結ぶなかで教育・研究を進め、一方、ステークホルダーは大学の活動にそれぞれの立場から関わっていくのが望ましい。つまり、大学は多様なステークホルダーとのネットワークのなかに自らを位置づけることになる。

第二に価値の重視である。大学の教育・研究を見るにあたって、経済的効率だけを見るのでなく、21世紀社会が追求すべき価値に合致しているかという観点が重要である。そこでは、教育のもつ規範的な性格を自覚し、大学の目ざす理念を明確にすることが問われる。

以上の方向性は、たとえば最近わが国で提起されているエンゲージメント論とも通じるところがある。これは、次代の国立大学のあり方として、「多面的にそれぞれのステークホルダーに対して責任を果たし、相互理解を得、互恵的に協働していく」ことを構想するものである（戦略的経営検討会議 2020）。前記のポストNPMと同じ発想だといえよう。

複数の物差し、複数の評価

ポストNPMでは、大学の自律と両立し、それを促す競争は可能だと筆者は考える。それは多元的な競争である。いいかえれば、優劣を定める物差しが複数あり、それぞれの物差しによる複数の評価が並立するような競争である。ここで、その理念的なイメージを描いてみたい。

複数の物差しを担うのは、大学と関わりをもつ種々のステークホルダーである。一言で「よい大学」といっても、その中味はステークホルダーごとに異なる。学生にとっては、興味のある勉学ができる大学、あるいは卒業後の就職につながる大学だろう。企業にとっては、事業に役だつ人材を供給してくれることが大事である。また大学周辺の地元自治体は、知識や技術などで地域社会に貢献してくれることを期待する。さらに社会全体としては、明日を担う市民や専門的人材を育成し、あるいはまたイノベーションで次代の経済社会を切りひらくことが重要である。

各ステークホルダーは、それぞれがもつ価値観と、それから導き出される尺度でもって大学に関与する。それを通じて、社会のなかの種々多様な要請が大学に伝達される。なお、多元的な尺度のうちにはむろん、NPM的な経済的効率も含まれる。

大学の側でも多様な選択が可能になる。最先端研究で世界トップクラスを目ざすだけが選択肢ではない。それぞれの強みに応じて、進むべき途を自律的に選ぶことができる。イノベーション創出は自学では困難だと考えるなら、他の領域、たとえば教育や社会貢献での活動を選ぶ途もある。教育といっても、職業直結的な実務型教育もあれば、幅広い能力の涵養を目ざす教養教育もある。どの領域であれ、そこで大学の教育・研究に関与するステークホルダーはいる。そして、どのような領域を選択しようと、業績はそこでの尺度で評価される。

評価は、第3章で紹介したようなゆるやかな目標管理を通じて行われる。すなわち、大学は追求すべき目標のみを掲げる。それをいかに、またどこまで達成するかは大学の裁量に委ねられる。事後に大学は、自らの責任で目標追求の経過と最終的な業績を開示し、ステークホルダーの評価に委ねる。

よりよい評価を目ざして大学は互いに競いあう。競争は、すべての大学の間で生じるのではなく、同じ領域を選択した大学の間で生じる。ニッチな領域を開拓した大学は、大した競争なしにトップになりうるだろう。自ら選んだ土俵で大学は勝負し、競争を通じてさらに自らの強みを伸長させる。

大学の自己規律もここで問われる。大学は自由を享受する半面、いかに自らに規律を課しているかを示すことで、ステークホルダーの信頼と評価を得られる。説明責任を具体的にどう果たすかはまずは個々の大学の判断であるが、しかし競合する他大学が開示により積極的であれば、当然努力を倍加せざるをえない。こうして競争は、大学の自己規律を促し、高める方向に作用すると期待される。

多元的な競争では、教育・研究の質の評価も多元化する。評価は、相異なる多数の領域において別々に行われるからである。繰りかえすが、どの領域での評価がとくに重いということはない。産学協同でトップにある大学も、教養教育で先頭を切る大学も、同じように「優れた」大学である。

多元的な基準によって評価が複数並立するという状況は一見、妙に見えるかもしれない。しかしよく考えれば、これは学術の世界ではむしろ常道である。ある研究成果についての評価が学界内で割れることはよくある。同一の論文について、発想面を斬新だと高く評価する意見もあれば、方法面での瑕疵（かし）のほうを重視して批判する者もいよう。しかし、学界としてそれを一本化することはないし、またする必要もない。

大学ランキングの利点

以上は、多元的な競争の理念的な姿である。現実には、一例として、以下のような具体化を想定できよう。

大学はまず、自らの戦略に沿って重点領域を設定する。次に、その領域に関係するステークホルダーとの間で目標管理を約定する。もっともステークホルダーは、たとえば学生の場合のように、団体などに組織化されているとはかぎらない。そこで実際には、大学は想定するステークホルダーの要望を反映させつつ目標を決定し、それを広く社会に対して公表することになろう。つまり、目標達成を社会的に公約するわけである。

事後には、大学が開示した情報をもとに、当該のステークホルダーが大学の活動を評価する。目標がどの程度達成されたか、大学の努力が十分だったかなどがチェックされる。評価結果もまた社会的に公表される。

評価結果の公表は、もちろん報告書のような形をとるのが理想である。だが、数値データなどから算出したランキングなども大いに考えうる媒体である。ランキングに弊害が多いのはたしかだし、また現在ネット上で乱立する大学ランキングのなかには、興味本位で安易なものも少なくない。だが他方でランキングには、説明責任を果たす方法として利点も大きい。取りまとめが比較的簡単で、とりわけ一般社会に対して明快でわかりやすいのである。

しかも、ランキングは多様である。ランキングといえば、教育や研究など種々の領域での成績を取り混ぜ、点数順にトップから一元的に並べるタイプのものが想起されがちだが、それればかりではない。受け手が自らの関心のある領域を選択し、そこでの諸大学の成績をチェックできるテーラーメイド・タイプのものなどもある。最近は「高等教育機関のランキングに関するベルリン原則」などの国際的なガイドラインが発表されており、設計、データの収集・加工、結果公表などについて、今後の改善が期待できる。多種多様なランキングが並立するようになれば、本質的な弊害も幾分は相殺されると考えられる。

ただ実際問題として、すべてのステークホルダーに大学評価の見識と余裕があるわけではない。諸大学の教育実践について情報を収集し、あるいはまた「学校基本調査」のような細かい統計を読み解く作業はだれにもできるわけではない。

能力と資源の面から見て十分かつ適正な大学評価を行いうるのは、大学団体や高等教育問題の研究機関、それと新聞などのマスメディアである。これらの諸機関・団体が、他の多くのステークホルダーを代行するような形で評価を実施するのが適当ではないか。たとえば、各種の領域やテーマごとに報告書やランキングを発表するという形などが考えられる。

とくに重要なのは国立大学協会などの大学団体である。高等教育への理念と学術界の事情への深い見識にもとづくから、その評価結果は説得力に富むはずである。もちろん、「お手盛り」にならないよう、必要な場合は大学への否定的な評価も辞さない覚悟はいる。大学団体は、同業者の利害擁護のためのロビー団体ではないはずである。身内に対しても苦言を呈してこそ、自己規律をもつプロフェッションの団体としての存在意義を証明できよう。

ステークホルダーによる評価に、はたして大学が乗ってくるかという疑問をもつ向きもあろう。公的資源をめぐる競争には予算や補助金という具体的な果実があり、それが大学を動かす。だが、ほとんどのステークホルダーにはこうした経済的応報の手段がない。となれば、悪い評価が下されても、大学側は平然としてこれを無視する、などということも理屈としては考えうる。

しかし、筆者はこの点楽観的である。前にもふれたが、大学人は必ずしも経済的な得失では動かない。大学間競争で大きな力を発揮する報奨は、しばしば金銭よりも栄誉である。衆目が認める栄誉、具体的にいえば高い「声価（レピュテーション）」を得ることは、大学にとって大きな魅力である。その何よりの証拠は世界大学ランキングである。大学は単なる順位の高低にあれほど一喜一憂する。

それに、声価は裏では具体的な利益と結びつくことも多い。たとえば「世界トップ１０0」というブランドが手に入れば、その大学には学生・研究者の獲得などで大きな利点が生じる。そうした具体的な利益をも含めて、権威あるランキングを平然と無視するような大学は多くはなかろう。

エクセレンスが加速させたドイツの大学間競争

ついでながら、ドイツでは大学間競争はどうなっているのかを見ておこう。もともとドイツでは競争はあまり激しくはなかった。大学は総合大学と専門大学に大別され、両者の間には制度的な相違があるが、しかしそれぞれの内部では全大学は平等というタテマエであった。

このタテマエを事実上打ち破ったのが、前にもふれた大規模助成事業の「エクセレンス」である。これが大学界の空気を一変させた。各大学は採択枠に入らんものと一斉に走りだした。どの大学も、外部資金の獲得、有名研究者の招聘、国際間提携、学際的共同研究などに躍起になった。

学内も俄然、競争熱に包まれた。たとえばゲッティンゲン大学では、エクセレンスに2度続けて落ちたため、学内の猛批判を浴びた学長が任期途中で辞任を余儀なくされるという事態になった。あまりの過熱ぶりに、こんな状態が続けば、「全学的な燃え尽き症候群になってしまいかねない」などと危惧する声も出たくらいである。

熱気は学術界を超えて広がった。エクセレンスの選考はニュースで詳細に伝えられ、一種のメディア現象になった。テレビの画面には、採択通知に双手をあげて万歳する学長、あるいは満面の笑みを浮かべて勝利の乾杯をする州首相の姿が映ったし、他方では仏頂面で不首尾を噛みしめる大学トップの表情を新聞が伝えた。

どうして、エクセレンスでこれほどの競争熱が生じたのか。興味深いことに、経済的報奨の規模はさほどのものではなかった。エクセレンス事業による助成額が大学の予算総額に占める割合は、最高のコンスタンツ大学（バーデン＝ヴュルテンベルク州）でも10パーセント強どまりであった。より大規模な大学では、1ケタのところも珍しくなかったようである（Expertenkommission 2016: 11）。

ちなみに、わが国の「10兆円ファンド」の助成額は数百億円と見られているが、暫定的な支援第一号となった東北大学の収入総額は1600億円強（2021年度）だから（大学改革支援・学位授与機構 2023）、予算全体に占める割合ははるかに高い。ともかく、エクセレンスの経済的規模が不十分で、大学の恒常的な予算不足をカバーするようなものではなかったことは、関係者が異口同音に認めるところである。

結局、主たる報奨は声価であった。エクセレンスは、120校の総合大学から約10校の「エリート大学」を選び出すものだと一般に受けとられた。どの大学もこの栄誉を手に入れんとし、あるいは逆に、選にもれて「第二級大学」の烙印を押されるのを嫌がった。意地悪な見方をすれば、政策当局の演出が巧みだったのかもしれない。

エクセレンスには弊害もあった。たとえば大量の任期付きの若手研究者を生み出し、いわゆるポスドクの処遇問題を拡大したことには、再三批判が向けられている。ただともかく、エクセレンスがドイツの大学間競争を大いに促進したことは事実である。

ドイツではランキングもかなり盛んである。興味深いのは、公的な機関が率先してこれに関与していることである。「ドイツ研究振興協会」（わが国の日本学術振興会に相当）は、獲得助成額のランキングを発表し、競争促進の姿勢を明らかにしているし、政府の高等教育諮問機関である学術評議会も、大学の研究力比較を試みている。フンボルト財団も助成ランキングを発表している。

シンクタンクも活発である。「高等教育発展センター」は精力的に活動し、国内大学を対象にした大規模なランキングを発表する一方、ヨーロッパの大学を対象にした「エクセレンス・ランキング」も実施している。さらに同センターは、ヨーロッパ連合が進める「Uマルチランク」という国際的な大学ランキングの主要な担い手でもある。さらに、有力経済シンクタンクのifoも、経営効率から見た大学ランキングを発表している。

ジャーナリズム界でも、先頭を切った『シュピーゲル』以外に今日、『シュテルン』や『ハンデルスブラット』など主要紙誌によるランキングがある。『ツァイト』は高等教育発展センターと協力して、その国内ランキングの結果を自らの紙面で提供している。

総じて、ドイツでは大学間競争はわが国よりも若干先行しているようである。競争に付随する副作用も含め、わが国の今後の競争のあり方を考えるうえで、一つの参考材料にはなろう。

「分権的な選択と集中」へ

多元的な競争のもたらすものは何だろうか。結果として、「分権的な選択と集中」が可能になれば、というのが筆者の展望である。最後に簡単にそれについて述べたい。

「選択と集中」は大学関係者の間では総じて不評である。それが基礎研究軽視の傾向を生み、ひいては日本の研究力を弱めたという意見をよく耳にする。この批判には耳を傾けるべきものがあるが、しかし他方、何らかの選択と集中が不可避だということも否定できない事実である。

まず、現在の日本の置かれた財政状況がある。巨額の財政赤字を考えれば、高等教育予算が今後著しく増加する余地は皆無といってよい。それを別にしても、高等教育の規模が大きく膨張したユニバーサル段階では、昔風の手厚い教育を一様に実施するのは、経費的に無理である。加えて、今日の先端科学技術研究はきわめて高価である。巨大な施設や装置を要するものも珍しくなく、それにかかる経費は昔の比ではない。

問題は、選択と集中をどう実施するかである。政府が設定したカテゴリーに諸大学を割りふるという「上から」の種別化は、大学にとって望ましい途ではない。大学の自律性を無視し、教育・研究の活力を奪いかねないからである。大事なのはむしろ、大学自らの意思で選択と集中を行うことである。

すなわち、各大学が自らの強みを把握し、自らの戦略に沿った特化を行う。多元的な競争のなかで大学はその独自性を強める。この場合、選択と集中は大学間ではなく、大学内部で進行する。学内で戦略的と位置づけられた専門分野へ資源配分が集中する。しかし、高等教育部門全体として見たとき、そこには多様性が現出する。イノベーション創出に向けて先端研究を追求する大学もあれば、教養教育に重点を置く大学もある。このような状況を、筆者は「分権的な選択と集中」とよびたい。

以上が筆者の展望である。しかし、この展望を実現するのはそう簡単ではない。障害が少なくないからである。なかでも重大なのは、個々の大学の経営的力量が十分かどうかである。大学が自律的に動くためには、自らの長短所を分析し、それに沿った戦略を立て、さらにその戦略を実行する能力が前提となる。加えて、もし学内でも分権的コントロールによる活性化を目ざすのなら、学部レベルでも経営人材が必要になる。国立大学はこれまで、あまりこうした能力を問われることがなかった。しかし、もしこれを今後も欠くようであれば、自律は絵に描いた餅である。

ドイツでも大学の経営力増進は大きな課題となっている。そのため一部の大学では、大学職員養成のためのリカレント学位プログラムを開講している。また高等教育関連のシンクタンクやコンサルティング団体では、大学に対して専門的な提案や助言を幅広く行う一方、種々の実践的な研修プログラムを提供して、経営陣から事務職員にいたるまで、それぞれの必要に対応した人材開発に積極的に関わっている。

こうした取り組みや、あるいはデジタル化などの効率化の成果であろうか、ドイツの大学では近年、職員の構成が高度化している。総数として大きな変化はないが、ルーティン業務に関わる一般職員が減る一方、学術マネージャーなど上級の職員の割合が増す傾向が見られる。

経営力以外には、すぐに思いつくものだけでも以下の問題がある。まず、意思決定にはいわゆる経路依存性がある。つまり、ある決定は後続の決定を左右する傾向をもつ。たとえば、先端的研究では設備や人員の面で、それまでの蓄積が大きくものをいう。だから、研究力に独自性を求めてきた大学にとっては、それを継続するのが得策だし、逆に蓄積のない大学には参入障壁は高い。こうして戦略は固定化しがちとなる。

あるいは、大学が特色追求のために教育・研究で重点設定を行う場合、その特色に合致しない教員が行き場を失う懸念がある。理想は、教員の流動性を高めて、必要とされる大学へと人材が円滑に移動できるようにすることである。そうすれば、大学にとっても重点領域での人員増を費用増なしに実現できるから、大きなメリットである。だが、日本の大学界の現状はそれにはほど遠い。

多元的な競争が機能するには、以上のような障害をどう克服するかを考えなければならない。厄介な課題である。具体的な答えは筆者もちあわせていない。確実にいえるのは、健全な競争が作動するための環境条件は、政策的に整備・維持する必要があるということである。そのための規制は必要だし、あるいは補助金を含めた政策で誘導することも重要な手段になる。言いかえれば、今後の大学コントロールを考えるとき、競争政策的な間接統制が高等教育政策の重要な柱となろう。

おわりに──大学・行政・社会の信頼関係に向けて

法人化以来のわが国の一連の大学改革を眺めわたすとき、個々の施策の背後に、あるパターンが変わることなく伏在するのが見てとれるように思う。それは、大学と行政の間の相互不信である。

大学の側は文科省を不信の目で見る。筆者なども大学にいたころ肌で感じたものだが、同省がつねに大学支配への意図をもっているとの疑念は、大学人の間ではいわば常識となっている。だから、行政の施策にはつねに、表面上の目的とは別の、周到に隠された意図があると捉える。たとえば法人化についても、教育・研究の高度化や国際競争力の向上など、表だって掲げられた看板を額面どおり受け入れる雰囲気は、当時の大学の現場にはなかった。

この不信感にどのくらい根拠があるかはここでは問わない。ただ、大学改革が実は「改革」でも何でもないと信じるなら、真剣に取り組もうという気にならないのはたしかである。

政府・文科省の側にも、大学への十分な信頼はないように見える。大学は現状維持をこととし、心底では自らを変える意欲などもっていない。だから、ちょっと目を離すと安逸と放恣に流れる――そう思いこんでいるかのようだ。そのため、改革が思うように進捗しないとなると、すぐに大学への束縛を強めるという方向に考えが向く。かくして、KPIや規則がいよいよ増え、規制の範囲が拡大する。

規制が強化されると、大学側はいっそう警戒心を強め、それを回避しようと手立てを講じる。そうなると規制の効果があがらないから、行政側はいっそう規制の網を絞る。つまり、相互不信のスパイラルである。結果的には、制度はいよいよ窮屈になり、大学改革はますます袋小路に入っていく。

相互不信は双方に責がある。まず行政側は、直接規制では今日の高等教育の問題には十分対処できないことについて理解が乏しい。だが、ユニバーサル段階では、現場に権限を委譲し、代わって政府は間接的なコントロールへと役割を変えるしかないのである。これは、他の主要諸国の大学改革が、そしてそもそもわが国の法人化が目ざしたところであった。

大学側にも、不信の目で見られる理由はある。国立大学に十分な自己規律があるとはいえない。何につけ、現状安住的な体質が強い。関係者の目にも、国立大学では長年にわたる懸案について「有効な改革が持続的に展開されてきたようには見えない」(吉見 2016: 50) のである。あるいは、筆者が大学に在職していたころ、折にふれて放埒な予算運営を目にしたものだが、その後改善されたのだろうか。

ただ、責任の所在をあげつらっていても益はない。たしかなことは、この相互不信が続くなら、実のある大学改革は望みがたいことである。関係者間の相互信頼なしには、規制緩和や権限委譲はむずかしい。このことはとりわけ大学にとって重大である。直接統制が残存し、大学の自律が制限されたままになるからである。

大学にとって、行政との信頼関係も重要だが、それよりはるかに重要なのは社会からの信頼を確保することである。昨今、日本学術会議をめぐって政府と大学界の間で相当の応酬があるが、気になるのは世論ではさしたる反応がないことである。また、研究力をめぐる議論がこれほど盛んなのに、国民の関心は今一つである。あるアンケートによれば、67パーセントの国立大学学長は、国民の国立大学への関心は近年、不変もしくは低下していると捉えている（朝日新聞デジタル、2024年4月19月）。

教育学者で文部大臣も務めた永井道雄はかつて、国民は大学の自治に疑惑をもち、「自治は所詮、既得権擁護の組織にすぎない」と見ていると指摘した（永井 1962: 40）。大学の自己規律への世間の疑惑は、60年後の今も払拭されていないようである。

本書執筆の仕上げに入った段階で、国立大学の授業料引き上げ論がにわかにメディアをにぎわすようになった。2024(令和6)年3月に慶應義塾大学の塾長が大幅引き上げを提案したかと思うと、6月には東京大学が授業料を2割アップする考えを公表した。国立大学協会も声明を出して、国立大学の財務状況が危機的だと訴えた。これまでも、大学側からはことあるごとに予算増を要求する声があがってきたが、今回は議論が具体的に進みそうな気配である。東京大学は実際、9月に2025年度からの授業料引き上げを正式決定した。

大学の予算状況が厳しいのは厳然たる事実である。だが、「足りないから出してほしい」というのでは安易すぎよう。「自らも身を切る」のは棚あげにして他に求めるばかりでは、主張に説得力はない。いくらお願いしても、大学への疑惑が解消されない以上は、国民の納得は得られまい。

他方で、授業料引き上げ反対論やさらに教育無償化を唱える議論にも筆者は賛成できない。反法人化論に似て、響きはよいが、議論として性急ではあるまいか。

教育は、人びとの知的・道徳的水準を向上させ、また良質な労働力の提供を可能にするなど、社会全体に大きな利益をもたらすが、その一方で個人に対しても、自己実現や能力増進という果実をもたらす。したがって、教育経費を個人が部分的に担うことは、受益者負担として一概に否定されるべきではないだろう。

もちろん、教育機会の平等という公平の観点を忘れてはならない。だが、単に学費の軽減・廃止をすればよいというわけではない。これは、むしろ社会的に不公平ですらある。あらためて言うまでもないことだが、教育に投じる公費の源は税金である。学費を全廃するなら、金持ちの子女も貧しい家庭出身者と同じく、税金で教育費用を賄ってやることになる。

鍵になるのは負担軽減措置（奨学金、授業料免除、「出世払い方式」など）の整備である。学費引き上げとうまくセットで制度設計すれば、事実上、学費を所得に応じて設定するという所得連動制になろう。だが、目下の引き上げ反対論には、この面についての言及があまり見られないのは残念である。

ちなみに授業料の問題は、ドイツでも扱いに苦慮している。大学の恒常的な予算不足を考えると有力な収入源だが、国民多数の負担に関わるだけに政争の焦点になりやすい。実は、2000年代半ばに多くの州で授業料が導入されたことがある。しかし、10年ほどで再び廃止された。諸州での政権交代で、左派系の政党の発言力が強まったのが主たる理由である。今日、授業料はどの州にもないが、ただそれで完全に問題が落着したのではないようである。リカレント学生や留学生などを対象に、一部では再導入の動きが見られる。

話がやや脇道にそれたが、筆者が強調したいのは、社会からの信頼が大学の自律には不可欠だということである。教育・研究はきわめて専門的で特殊な活動であり、外部の者には有意味なチェックがむずかしい。また、学問の自由を考えるなら、外からの恣意的介入には警戒が必要でもある。それだけに、「大学のことは大学にまかせておいて大丈夫」と、社会から信頼されることが肝心である。大学は今後、多様なステークホルダーとの関わりを求められるだけに、このことはいっそう重要である。

ドイツに興味深い世論調査がある。市民に対して、社会生活を支える種々の機関にどれほどの信頼感をもっているかを訊いたものである（Forschung & Lehre, 8 January 2019）。2019年の調査では、大学は第2位で、回答者の77パーセントが信頼を寄せている（ちなみに、トップは78パーセントの警察）。筆者は寡聞にして、わが国に同様の世論調査があるかどうか承知していない。ただ、実施した場合に大学がこれほどの数字を得るかどうか、あまり確信はない。

*

本書では、ドイツと対比させながらわが国の大学のあり方を論じてきた。高等教育制度は巨大なシステムであり、ましてや2ヵ国を視野に収めるとなると、容易なわざではない。洩れや誤りは多いはずである。筆者としてはむろん能うかぎり正確を期したつもりだが、読者の御寛恕と御叱正をお願いする次第である。

本書の執筆にあたっては、多数の方々の御協力を得た。とりわけ、M・ハイネマン Manfred Heinemann 氏（ハノーファー大学）には、挙げればきりのないほどいろいろとお世話になった。深く感謝する次第である。それ以外に、以下の各氏の御協力を賜った（敬称略、姓アルファベット順）。J・アロカイ Judith Arokay、O・バルツ Olaf Bartz、P・エルスパス Peter Elspaß、S・キーコ Sonja Kiko、M・ヘルシャー Michael Hölscher、M・クレーマ Martin Krämer、M・リープ Magdalena Lieb、B・オパーマン Bernd Oppermann、C・タウホ Christian Tauch、R・テークトマイア Ralf Tegtmeyer、W・ヴァークナー Wieland Wagner、F・ツィーゲレ Frank Ziegele。さらに、個々にお名前をあげる余地はないが、認証評議会、CHE、ドイツ学長会議、HIS大学開発研究所、エアランゲン大学、ハノーファー大学、ハイデルベルク大学、シュパイアー行政学大学などの諸機関の方々にも貴重な助言を頂戴した。また、中公新書編集部の黒田剛史氏には、論点の出し方から個別表現にいたるまで、本書をよりよいものにするうえでたいへんお世話になった。厚く御礼申しあげる。

本書からは、ドイツの高等教育制度は体系的に設計された、一貫性のあるシステムのように映るかもしれない。しかし実際には、種々の試行錯誤を経た結果の、つぎはぎのシステムだというべきである。だが、成立の経緯はどうであれ、できあがったものがそれなりの体系性と合理性を備えているのもたしかである。わが国の大学の行く末を考える際の材料として有意義だと考えるゆえんである。

本書ではドイツの事例を客観的に捉えるよう努めてきたつもりだが、それでも幾分は理想化に陥っている懸念はある。しかし、隣の芝生は青く見えるものである。それに、青くもない芝生をわざわざ見る理由はなかろう。

２０２４年９月

竹中　亨

文献一覧

- Universität Köln, 2021, Leistungsorientierte Mittelverteilung (LOM), https://strategy.uni-koeln.de/strategisches_controlling__informationsmanagement/lom/index_ger.html, ［2024年５月29日］
- 山口裕之，2017，『「大学改革」という病』明石書店
- 吉見俊哉，2016，「『文系学部廃止』の衝撃」集英社
- ［有識者会議］国際卓越研究大学の認定等に関する有識者会議，2023，「国際卓越研究大学の認定等に関する有識者会議（アドバイザリーボード）における審査の状況について」，https://www.mext.go.jp/content/20230901-mxt_gakkikan_000031690_3-2.pdf,［2024年３月25日］
- Ziegele, Frank/Melisande Riefler, 2022, *Stand der Zielvereinbarungen an deutschen Universitäten*, Gütersloh: CHE

Hochschulleitungen: Eine explorative Untersuchung einer Befragung von Präsident(inn)en und Rektor(inn)en deutscher Hochschulen, Gütersloh: CHE

- ［戦略的経営検討会議］国立大学法人の戦略的な経営実現に向けた検討会議，2020,「国立大学法人の戦略的な経営実現に向けて（最終取りまとめ）」, https://www.mext.go.jp/content/20201225-mxt_hojinka-000011934_2.pdf, ［2024年5月29日］
- ［質保証システム部会］中央教育審議会質保証システム部会，2020, 第2回会合意見概要，https://www.mext.go.jp/content/20200831-mxt_koutou01-000009680_01.pdf, ［2024年3月28日］
- 竹中亨，2020,「有効な内部質保証」大学改革支援・学位授与機構編著『内部質保証と外部質保証――社会に開かれた大学教育をめざして』ぎょうせい，55〜91頁
- 竹中亨，2021a,「ドイツにおける大学基盤交付金制度――基礎経費・アウトプット指標・業績協定」『大学評価・学位研究』22，21〜38頁
- 竹中亨，2021b,「ドイツにおける大学職員研修」『大学改革支援に関する調査研究2020年度報告書』大学改革支援・学位授与機構研究開発部，72〜79頁
- 竹中亨，2022,「ドイツの大学における内部質保証――学内認証の制度と手順」『大学改革支援に関する調査研究　2021年度プロジェクト報告書』大学改革支援・学位授与機構研究開発部，216〜229頁
- 竹中亨，2023a,「ドイツの大学業績協定――高等教育での目標管理と大学統制」『大学改革・学位研究』24，47〜63頁
- 竹中亨，2023b,「ドイツにおける大学間競争」『大学改革支援に関する調査研究　2022年度プロジェクト報告書』大学改革支援・学位授与機構研究開発部，156〜170頁
- 竹中亨，2024a,「ドイツの大学評議会――大学経営における合議体の役割」『大学改革支援に関する調査研究　2023年度プロジェクト報告書』大学改革支援・学位授与機構研究開発部，189〜199頁
- 竹中亨，2024b,「ドイツにおける大学統治と資源配分――学内での算定式と業績協定を中心に」『大阪大学高等教育研究』12，1〜20頁
- 竹中亨／水田健輔／佐藤亨，2022〜2023,『国立大学法人における学内資源配分に関する調査研究報告書』2巻，大学改革支援・学位授与機構
- 田中弘允他，2018,『検証　国立大学法人化と大学の責任――その制定過程と大学自立への構想』東信堂
- 豊田長康，2019,『科学立国の危機――失速する日本の研究力』東洋経済新報社
- Universität Hannover, 2021, *Zahlenspiegel 2021*, https://www.uni-hannover.de/fileadmin/luh/content/planung_controlling/statistik/zahlenspiegel/zahlenspiegel_2021.pdf,［2024年5月29日］

いて」, https://www.mext.go.jp/content/20201104-mxt_hojinka-000010818_4.pdf, 〔2024年3月21日〕
- 文部科学省, 2021a,「教育・研究の高度化やイノベーション創出に資する新たな大学改革」, https://www5.cao.go.jp/keizai-shimon/kaigi/special/reform/wg7/20210420/shiryou2.pdf, 〔2024年3月19日〕
- 文部科学省, 2021b,「『世界と伍する研究大学の実現に向けた制度改正等のための検討会議』の検討状況について」, https://cao.go.jp/cstp/tyousakai/sekai/11kai/siryo7.pdf, 〔2024年3月21日〕
- 文部科学省, 2022,「令和4年度大学設置基準等の改正について——学修者本位の大学教育の実現に向けて」, https://www.mext.go.jp/content/20220930-mxt_daigakuc01-000025195_05.pdf, 〔2024年3月28日〕
- 文部科学省, 2023,『令和4年版科学技術・イノベーション白書』, https://www.mext.go.jp/b_menu/hakusho/html/hpaa202201/1421221_00005.html, 〔2024年4月2日〕
- 文部科学省, 2024,『文部科学統計要覧　令和5年度版』, https://www.mext.go.jp/b_menu/toukei/002/002b/1417059_00008.htm, 〔2024年5月30日〕
- [MPG] Max Planck Gesellschaft, 2023, *Bericht zur Umsetzung des Pakts für Forschung und Innovation im Jahr 2022*, München: MPG
- 村上昭義/伊神正貫, 2020,『研究論文に着目した日英独の大学ベンチマーキング2019—大学の個性を活かし、国全体としての水準を向上させるために』科学技術・学術政策研究所, file:///C:/Users/TORUTA~1/AppData/Local/Temp/MicrosoftEdgeDownloads/e210c095-dae5-4f00-8aa2-97b7662b2448/NISTEP-RM288-FullJ%20(1).PDF, 〔2024年5月30日〕
- 永井道雄, 1962,「『大学公社』案の提唱」『世界』202, 33〜41頁
- 永野博, 2016,『ドイツに学ぶ科学技術政策』近代科学社
- 日本学術振興会, 2023,「科研費の配分結果　令和5（2023）年度1回目」, https://www.jsps.go.jp/j-grantsinaid/27_kdata/kohyo/r05_01.html, 〔2024年6月3日〕
- 日本経済団体連合会, 2022,「大学教育に関する経団連の考え方——文理融合・STEAM・リベラルアーツ教育、大学教育の質保証、情報公開」, https://www.mext.go.jp/content/20220815-mxt_koutou01-000024441_1.pdf, 〔2022年8月16日〕
- 大崎仁, 2011,『国立大学法人の形成』東信堂
- Paradeise, Catherine et al., eds., 2009, *University Governance: Western European Comparative Perspectives*, Cham: Springer
- Pruvot, Enora Bennetot et al., 2023, *University Autonomy in Europe IV: The Scorecard 2023*, Brussels: EUA
- Püttmann, Vitus, 2013, *Führung in Hochschulen aus der Perspektive von*

Hochschulforschung, Wiesbaden: Springer
- Hüther, Otto/Georg Krücken, 2018, *Higher Education in Germany: Recent Developments in an International Perspective*, Cham: Springer, Kindle ed.
- In der Smitten, Susanne/Michael Jaeger, 2012, *Ziel- und Leistungsvereinbarungen als Instrument der Hochschulfinanzierung. Ausgestaltung und Anwendung*, Hannover: HIS
- 石原俊，2023，「卓越大学制度とファンドの問題点」『中央公論』2023年２月号，62〜69頁
- Jaeger, Michael, 2006, *Leistungsorientierte Budgetierung: Analyse der Umsetzung an ausgewählten Universitäten und Fakultäten/Fachbereichen*, Hannover: HIS
- Kaneko, Motohisa, 2009, “Incorporation of national universities in Japan: design, implementation and consequences,” *Asia Pacific Education Review* 10, 59-67
- 川口昭彦／竹中亨，2020，「法人化というチャンス」大学改革支援・学位授与機構編著『大学が「知」のリーダーたるための成果重視マネジメント』ぎょうせい，51〜70頁
- ［検討会議］国立大学等の独立行政法人化に関する調査検討会議，2002，「新しい『国立大学法人』像について」，https://www8.cao.go.jp/cstp/siryo/haihu16/siryo2-2.pdf，［2024年３月22日］
- 木村誠，2018，『大学大崩壊――リストラされる国立大、見捨てられる私立大』朝日新聞出版，Kindle 版
- 駒込武編，2021，『「私物化」される国立大学』岩波書店
- Krüger, Karsten et al., eds., 2018, *Governance Reforms in European University Systems: The Case of Austria, Denmark, Finland, France, the Netherlands and Portugal*, Cham: Springer
- 共同通信社，2022，『日本の知、どこへ――どうすれば大学と科学研究の凋落を止められるか？』日本評論社
- Mayer, Alexander, 2019, *Universitäten im Wettbewerb: Deutschland von den 1980er Jahren bis zur Exzellenzinitiative*, Wiesbaden: F. Steiner
- 南島和久，2013，「ＮＰＭ・行財政改革と大学評価――評価社会における大学と組織」広田照幸編『組織としての大学――役割や機能をどうみるか』岩波書店，107〜143頁
- 光本滋，2015，『危機に立つ国立大学』クロスカルチャー
- 文部科学省，2010，「国立大学法人化後の現状と課題について（中間まとめ）」，https://www.mext.go.jp/a_menu/koutou/houjin/__icsFiles/afieldfile/2010/07/21/1295896_2.pdf，［2024年３月22日］
- 文部科学省，2018，「国立大学法人運営費交付金」，https://www.gyoukaku.go.jp/review/aki/H30/img/s12.pdf，［2024年１月25日］
- 文部科学省，2020，「国立大学法人運営費交付金を取り巻く現状につ

Systems in England, the Netherlands, Austria, and Germany," in Dorothea Jansen, ed., *New Forms of Governance in Research Organizations: Disciplinary Approaches, Interfaces and Integration*, Dordrecht: Springer, 137-152
・[Destatis] Statistisches Bundesamt, 2018, Hochschulen auf einen Blick 2018, https://www.destatis.de/DE/Themen/Gesellschaft-Umwelt/Bildung-Forschung-Kultur/Hochschulen/Publikationen/Downloads-Hochschulen/broschuere-hochschulen-blick-0110010187004.html,［2024年3月24日］
・Dobbins, Michael/Christoph Knill, 2014, *Higher Education Governance and Policy Change in Western Europe: International Challenges to Historical Institutions*, Basingstoke, Kindle ed.
・Dohmen, Dieter/Lena Wrobel, 2018, *Entwicklung der Finanzierung von Hochschulen und außeruniversitären Forschungseinrichtungen seit* 1995, Berlin: FiBS
・EUA, 2020, Public Funding Observatory: Country Sheets, European University Association 2020, https://www.eua.eu/downloads/content/pfo%20-%20compendium.pdf,［2020年5月25日］
・[Expertenkommission] Internationale Expertenkommission Exzellenzinitiative, 2016, Evaluation der Exzellenzinitiative: Endbericht, https://www.gwk-bonn.de/fileadmin/Redaktion/Dokumente/Papers/Imboden-Bericht-2016.pdf,［2020年1月30日］
・Fabian, Gregor et al., 2024, *Barometer für die Wissenschaft: Ergebnisse der* Wissenschaftsbefragung 2023, Berlin: DZHW, https://www.wb.dzhw.eu/downloads/wibef_barometer2023.pdf,［2024年5月29日］
・[FAZ] *Frankfurter Allgemeine Zeitung*
・*Forschung & Lehre*, 8 January 2019, https://www.forschung-und-lehre.de/zeitfragen/weiterhin-grosses-vertrauen-in-universitaeten-trotz-verlusten-1391,［2023年10月5日］
・古阪肇，2019，「イングランドにおける政府補助金の交付体制変更と予算配分」『IDE』613，66〜71頁
・[GWK] Gemeinsame Wissenschaftskonferenz, 2021, *Pakt für Forschung und Innovation IV in den Jahren 2021-2030*, https://www.gwk-bonn.de/fileadmin/Redaktion/Dokumente/Papers/PFI-IV-2021-2030.pdf,［2023年11月2日］
・[HRK] Hochschulrektorenkonferenz, 2022, *Hochschulen in Zahlen 2023*, https://www.hrk.de/fileadmin/redaktion/hrk/02-Dokumente/02-06-Hochschulsystem/Statistik/2023-08-11_HRK-Statistikfaltblatt-2023.pdf,［2024年3月24日］
・Hüther, Otto/Georg Krücken, 2016, *Hochschulen: Fragestellungen, Ergebnisse und Perspektiven der sozialwissenschaftlichen*

文献一覧

引用や統計的数字の典拠以外は、ごく基本的な文献にかぎった。詳細な関連文献の情報を必要とする読者は、この一覧中の筆者の論文等を参照していただきたい。

- Aghion, Philippe et al., 2009, *The Governance and Performance of Research Universities: Evidence from Europe and the U.S.*, Cambridge, MA: National Bureau of Economic Research
- Austin, Ian/Glen A. Jones, 2016, *Governance of Higher Education: Global Perspectives, Theories, and Practices*, New York: Routledge, Kindle ed.
- Babyesiza, Akiiki/Christian Berthold, 2018, *Tatsächliche Hochschulautonomie am Beispiel der finanziellen Steuerung der Hochschulen in Brandenburg und Nordrhein-Westfalen*, Gütersloh: CHE
- Bieletzki, Nadja, 2018, *The Power of Collegiality: A Qualitative Analysis of University Presidents' Leadership in Germany*, Wiesbaden: Springer
- Blümel, Albrecht, 2016, *Von der Hochschulverwaltung zum Hochschulmanagement: Wandel der Hochschulorganisation am Beispiel der Verwaltungsleitung*, Wiesbaden: Springer
- Bogumil, Jörg/Rolf G. Heinze, eds., 2009, *Neue Steuerung von Hochschulen: Eine Zwischenbilanz*, Berlin: Sigma
- Bogumil, Jörg, et al., 2013, *Modernisierung der Universitäten: Umsetzungsstand und Wirkungen neuer Steuerungsinstrumente*. Berlin: Sigma
- Bungarten, Pia/Marei John-Ohnesorg, eds., 2015, *Hochschulgovernance in Deutschland*, Berlin: Friedrich-Ebert-Stiftung
- Clark, Burton R., 1986, *The Higher Education System: Academic Organization in Cross-National Perspective*, Berkeley: University of California Press 1986, Kindle ed.
- Curaj, Adrian et al., eds., 2018, *European Higher Education Area: The Impact of Past and Future Policies*, Cham: Springer
- 大学改革支援・学位授与機構，2023，『国立大学法人の財務』令和4年度版
- [DBB] Beamtenbund und Tarifunion, Besoldungstabelle, 2022, https://www.dbb.de/fileadmin/user_upload/dbb/pdfs/einkommenstabellen/besoldungstab_bund_220401.pdf,［2022年11月16日］
- de Boer, Harry/Jürgen Enders/Uwe Schimank, 2007, "On the Way Towards New Public Management? The Governance of University

竹中 亨（たけなか・とおる）

1955年大阪府生まれ．83年京都大学大学院文学研究科博士後期課程退学．東海大学助教授などを経て，93年より大阪大学助教授，2000年より教授．現在は大学改革支援・学位授与機構教授．博士（文学）．
著書『ジーメンスと明治日本』（東海大学出版会，1991）
『近代ドイツにおける復古と改革――第二帝政期の農民運動と反近代主義』（晃洋書房，1996）
『帰依する世紀末――ドイツ近代の原理主義者群像』（ミネルヴァ書房，2004）
『明治のワーグナーブーム――近代日本の音楽移転』（中公叢書，2016）
『ヴィルヘルム2世――ドイツ帝国と命運を共にした「国民皇帝」』（中公新書，2018）など

大学改革（だいがくかいかく）
――自律（じりつ）するドイツ、つまずく日本（にほん）
中公新書 *2832*

2024年11月25日発行

著 者 竹 中 亨
発行者 安 部 順 一

本文印刷 三 晃 印 刷
カバー印刷 大熊整美堂
製 本 小 泉 製 本

発行所 中央公論新社
〒100-8152
東京都千代田区大手町 1-7-1
電話 販売 03-5299-1730
編集 03-5299-1830
URL https://www.chuko.co.jp/

Published by CHUOKORON-SHINSHA, INC.
Printed in Japan ISBN978-4-12-102832-7 C1237

RC 1886 中公新書

教育・家庭

m1

- 2747 戦後教育史　小国喜弘
- 2477 日本の公教育　中澤　渉
- 2218 特別支援教育　柘植雅義
- 2635 文部科学省　青木栄一
- 2004 2005 大学の誕生（上下）　天野郁夫
- 2424 帝国大学―近代日本のエリート育成装置　天野郁夫
- 2821 在野と独学の近代　志村真幸
- 1249 大衆教育社会のゆくえ　苅谷剛彦
- 2006 教育と平等　苅谷剛彦
- 1704 教養主義の没落　竹内　洋
- 1984 日本の子どもと自尊心　佐藤淑子
- 416 ミュンヘンの小学生　子安美知子
- 2066 いじめとは何か　森田洋司
- 2549 海外で研究者になる　増田直紀
- 2832 大学改革―自律するドイツ、つまずく日本　竹中　亨